袁国辉

2023.2.9

我
们
一
起
解
决
问
题

会计转型与进阶

袁国辉 著

人民邮电出版社

北 京

图书在版编目（CIP）数据

会计转型与进阶 / 袁国辉著. -- 北京 ： 人民邮电出版社，2023.2
ISBN 978-7-115-60755-3

Ⅰ. ①会… Ⅱ. ①袁… Ⅲ. ①财务会计 Ⅳ. ①F234.4

中国版本图书馆CIP数据核字(2022)第252286号

内 容 提 要

《会计转型与进阶》以短文的形式讲授财会知识。书中内容紧密结合现行财税政策与法律法规，从财务能力与管理能力两个方面，全面介绍了现代企业的财务人员应该掌握的进阶技能与方法，具体包括会计核算、报表编制等基本专业工作方法，税务处理、税收筹划等税务管理工作方法，成本控制、营运资金管理等财务控制工作方法，预算预测、薪酬激励等全面预算管理工作方法，以及数据分析与业务分析等财务分析工作方法。全书内容聚焦实务、立足疑难，有助于财务人员从日常应付式的繁杂工作中解放出来，提高和拓展相关技能，实现自己职业生涯的蜕变。

本书既适合从事财税工作的实务界人士和零财税基础的商务人士阅读，也可以作为财税培训机构与财经院校相关专业课程的指导用书。

◆ 著　 袁国辉
　　责任编辑　付微微
　　责任印制　彭志环
◆ 人民邮电出版社出版发行　　北京市丰台区成寿寺路 11 号
　　邮编 100164　　电子邮件 315@ptpress.com.cn
　　网址 https://www.ptpress.com.cn
　　涿州市京南印刷厂印刷
◆ 开本：880×1230　1/32
　　印张：10.75　　　　　　　　　　2023 年 2 月第 1 版
　　字数：251 千字　　　　　　　　2023 年 2 月河北第 1 次印刷

定　价：69.00 元

读者服务热线：（010）81055656　印装质量热线：（010）81055316
反盗版热线：（010）81055315

广告经营许可证：京东市监广登字 20170147 号

如今移动互联网与人工智能逐步渗透到大众生活的方方面面，会计工作也因此受到了冲击，并且冲击的力度会越来越大。20 多年前的会计记账还是手工账一统天下，那时会计最提心吊胆的时刻就是月末结账，做不平账是常事，能快速找出报表不平原因的会计是财务部的骨干。会计电算化后，账不可能做不平了，多少老会计引以为傲的技能没了用武之地。这样的变化，让人兴奋，也让人唏嘘。

科技日新月异，技术变革深深地影响了会计人。已经形成的共识是，传统会计或者记账会计可能会被人工智能取代，管理会计会变得更为重要。我并不认可传统会计与管理会计这种生硬的切分，因为多数会计人要同时肩负这两种责任，但这两种责任的厚薄趋势已无须赘言了。

自开通微博"@指尖上的会计"以来，被粉丝问得最多的问题是以下几类：（1）高管从企业拿走钱后怎么平账？（2）业务给客户回扣怎么报销？（3）没有发票怎么办？（4）这么做，有税务风险吗？归纳起来不难发现，这些问题并非会计难题，症结在于企业行为不规范。这些不规范的行为造成的后果最终流向了财务，财务人员要被迫解决这些力所不及的难题。如果财务人员整天疲于应付此类疑难，个人的成长就会成问题，所在企业的发展也会成问题。

财务会计是实践性工种，财务人员只有在实际工作中打磨方能成才。就像财务会计专业的毕业生，虽然大学时老师在财务管理课上都教过"预算"，可到了单位能立马接手做预算的人寥寥无几。相对于教科书，相对于注会考试，财务会计工作是简单的，但又是复杂的。复杂是因为财务会计工作没有标准答案，场景不会如教科书与考试那般单纯。在财务会计工作中走过看过，方有切身的感悟。

在信息冗余的时代，很多人没有耐心阅读长篇大论，读书都带着快餐消费的心理，希望花费最短的时间阅读并找到实用的答案。实在不宜苛责大众阅读习惯的改变，这是快节奏生活逼出来的。如果你选择阅读《会计转型与进阶》一书，相信你不会失望，因为这本书是面向财会实务，是为了帮助财务人员解决实际问题的，书中文字简洁且接地气。

自从开通自媒体，我一刻也没有停止过对会计的关注，始终站在会计与税务的前沿，用指尖为读者朋友们分享点滴感悟。自媒体文章可以及时更新，已经出版的书是没法随时更新的。作为一本贴近会计实务的图书，如果长期落后于实务，不能与政策变化同频共振，就会失去其生命力。这也是"指尖上的会计"系列图书修订再版的主要理由。经与人民邮电出版社商定，《会计转型与进阶》一书作为"指尖上的会计"系列图书的传承以崭新的面貌面世了。在此，我要感谢人民邮电出版社一如既往的支持。

本书既有对原来"指尖上的会计"系列图书内容的继承，又有新的拓展。这次修订工作当属二次创作，耗时甚巨，一点儿也不轻松。但我做这项修订工作时的心情是愉悦的，总觉得自己是在打磨一件艺术品，眼看着它一点点成熟起来。修订后的图书主要有以下几点变化：

第一，依据近年财税制度的改革及新规定对部分内容进行了修订，同时添加了这段时间我对会计工作新的思考；

第二，增补了财务 BP、财务数字化，以及企业如何在红海市场竞争中保现金流健康、降成本等内容，这些内容的增补使全书体例结构更完整，内容更厚重；

第三，删除了过时、过气的内容，这也是个割爱的过程。

为了尽可能减少讹误，我自己校阅了两遍书稿。自己看自己的文字，有迟钝感，难免发现不了错误。为此，我请了多位业内人士义务为本书校稿，他们非常投入地帮本书挑出了不少错误，有些错误甚至是我没有意识到的。前期参与校稿的人员有常亚波、牛家启、黄敏，后期有郭建敏、韩敏、范宏远。在此我要向这些义务校稿员们表示衷心的感谢！他们的热心与负责让本书更趋完美了。

如果你正在从事财务会计工作，看完本书，你会有共鸣；如果你即将成为一名财务人员，看完本书，你会有更好的预期。

我希望本书能不断地修订再版。每一次修订都将是一次升华，期待本书经过反复修订打磨后能成为一部精品著作。

由于自身水平有限，即便付出了十二分努力，书中也难免存在错讹。如果读者阅读本书时发现有表达不当之处，或有修改建议，烦请不吝赐教，关注我的微信公众号"指尖上的会计"即可留言指正。

袁国辉

2022 年 11 月 15 日于北京

目 录

CONTENTS

第二篇　　税务处理与税收筹划

第三篇　财务管理

第四篇　职场生存与进阶

第一篇
会计基础与实务

　　会计作为一项专业技术类工作，掌握基本的工作技能是必需的。这些专业技能是我们就业的"筹码"，也是我们完成财务工作的基础。需要说明的是，因为财务软件、网络技术、人工智能的出现，会计专业技能在一路演变，以往必备的专业技能现在可能无足轻重了，如结账、现金盘点；但又会平添一些新的专业技能，如财务软件维护、电子发票管理等。对此我们不必大惊小怪，这是会计工作发展的趋势，也是社会进步的必然。

第一章

会计原理

作为一门学科、一项工作，会计有其约定俗成的规矩。这些规矩可能是会计原则，可能是会计制度与准则，也可能是某种会计理念。会计的规矩不仅繁多，而且会不断变化，这是让无数会计人头痛的事。理解这些会计规矩的含义，知晓它们变化的原因，并不是一件容易的事情。要想将晦涩的理论表述为通俗的道理，唯有深入理解才能做到。

一、会计原则背后的奥秘

1. 谨慎性原则与公允价值计量的辩证关系

（1）谨慎性原则

会计人员该如何理解谨慎性原则呢？谨慎性用好了是稳健，用坏了是保守。谨慎性原则在财务流程中易走极端，导致"防卫过当"。漫长的审批流程，级级汇报的责任体系都是谨慎性原则被滥用的体现。谨慎性原则用好了可以防范财务风险，用坏了则抓不住关键与重点。其被滥用的后果是加剧企业运作成本，降低运作效率。

（2）公允价值计量

我上大学时，会计核算要求遵循历史成本原则；而现在，会计准则要求按照公允价值计量。我始终认为这一变化是我国会计准则建设极有价值的成果之一。理论上，公允价值计量可以解决高通货膨胀下会计账实不符的问题，它可以让会计信息更真实，这也是会计准则趋向以公允价值计量的原因。另外，它等于告诉全体会计人，会计核算需立足现在、面向未来，而不是僵硬地记录过去。

（3）现行做法

谨慎性原则与公允价值计量，二者不可兼得。公允价值计量是以资产现时价值替代历史成本。公允价值低于历史成本需要计提减值准备，这符合谨慎性原则。那么，若公允价值高于历史成本呢？现行做法采用的是历史成本与公允价值孰低原则。在资产最初入账时，公允价值与历史成本是一致或基本一致的。资产购置时间与入账时间有间隔，二者就可能有差异。会计准则解决了历史成本高于公允价值的问题，但没有解决历史成本低于公允价值的问题。因此，实务中会计记账的基础既非历史成本原则，又非公允价值原则，而是历史成本与公允价值孰低原则。

2. 对实质重于形式的理解

怎么理解实质重于形式呢？举个例子来说，甲、乙、丙三家公司协商"做点"收入。甲有一批存货，年末时卖给乙，乙卖给丙，丙再卖给甲。转了一圈，还是这批货。如果看形式，甲、乙、丙三家公司都可确认收入；但若看实质，这三家公司又都不能确认收入，只能把流转中的差价计入其他业务收入或支出。

那么，税务又是如何理解实质重于形式的呢？

（1）长期挂账的预收账款，如无正当理由，要视作收入。

（2）销售时不开发票同样要确认为收入，要缴纳增值税。

（3）股东借公司资金长期不还的，视同分红征收个人所得税（简称个税）。

（4）企业把自产的商品用于福利、赠送的，视同销售，征收增值税。

（5）企业关联交易作价明显偏低的，税务另行核定价格征税。

3. 配比原则的适用性

配比原则是当年我学会计时扎根在脑子里的概念。确定收入，就要相应确定成本，然后算出销售毛利。这条原则最初大概是针对生产制造型企业提出的，当第三产业兴起后，收入与成本的对应关系越来越模糊。何为成本，何为费用，我们很难界定它们的边界。如果成本都费用化了，收入又如何能配比成本呢？对于生产制造型企业与商业企业，配比原则的必要性不言而喻。但对于服务型企业与研发型企业，配比原则就成了鸡肋。配比原则的适用有一个前提，即费用支出能对象化。一旦此前提不成立，配比就成了空中楼阁。

4. 处处体现成本效益原则

会计核算处处体现着成本效益原则。例如，为什么会有代理记账，那是因为企业不愿意承担会计人员的人工成本；为什么会有一次摊销法，那是因为精确的计量造成了人工浪费；为什么会有实地盘存制，那是因为失控带来的损耗无足轻重。成本效益原则不应只体现在会计核算上，而应该作为财务工作的重要指导思想。

5. 先进先出法对会计报表的影响

很多会计人员都有一个疑问：后进先出法为什么会被取消

呢？在企业存货不断增值的情况下，越早采购的存货，历史成本与公允价值偏差越大。采用后进先出法的结果是，利润表里的成本更贴近实际，利润更公允，但在资产负债表里存货却被低估了。后进先出对企业而言如同藏锋，利润低了，税少了，一部分价值藏于账外。

经济持续通货膨胀，映射到会计上，会造成实物资产不断增值，货币购买力不断下降。落到原材料领用计价上，后进先出法已被摒弃了。采用先进先出法，对利润与资产的影响主要表现在以下两点：

（1）产成品成本被低估，销售利润被高估；

（2）原材料账面价与市场价更接近。

通俗地讲，先进先出法可让浮盈尽早落袋为安。

二、对会计准则与会计制度的理解

6. 会计准则与会计制度的异同

会计准则与会计制度有何差别呢？从相同点看，二者都是约束企业会计处理的。区别在于，会计制度是硬约束，要求企业必须遵守；会计准则是软约束，给了企业一定的自主权。会计制度是在手把手地教会计人员做账，而会计准则要求会计人员具有较高的职业判断能力。从趋势来看，会计准则会替代会计制度，并逐步与国际趋同。

7. 高质量的会计报告须由高质量的会计准则来规范

我国著名经济学家、会计学家葛家澍教授曾言，高质量的企业财务会计报告是由高质量的财务会计准则来规范的，只有符合标准的财务会计报告才能被社会公认，否则它将背上"虚假"报告的阴影，其后果不堪设想。葛老此言实际是把提升会计信息质量的期望寄托在会计准则的制定与完善上。会计准则好比准绳，只有准绳刚直可依，会计核算的质量才能得到保障。

8. 会计核算不是呆板的

会计核算最好按制度流程办，这样能减少许多沟通的烦恼以及账务操纵的空间。制度流程建设需要时间，因为从确定到固化需要一段时间。账务处理在大众的心目中是偏刚性的，原因是它被会计准则与会计制度管着，但这并不意味着会计核算就是呆板的，账务处理依旧存在人为判断的空间。在不违反会计准则的前提下，我们可以对账务做出合法合规的筹划。

会计闲谈——会计人的特质

提起会计这个词，我马上会想到三个概念：一是会计学科，二是会计职业，三是会计人。会计人是职场中容易被调侃的对象，在很多同事的眼中，会计人刻板。同事们的印象没有错，当然并非因为我们性格如此才选择了会计职业，而是这份职业需要这样的特质，漫长的职场岁月把我们锻造成了这样的人。

第二章

会计核算

　　绝大多数会计人员的职业发展都是从会计核算起步的。一方面，从基础做起可以积累经验，更深入地理解会计工作的方方面面，培养自己的职业敏感度。另一方面，从简单工作做起，让自己的小成绩得到领导的认可，领导才会放心安排你做更重要的工作。脚踏实地与仰望星空不能对立起来看，脚踏实地是态度，仰望星空是志向，将二者对立着看就成了好高骛远。谨记，宰相必起于州郡，猛将必发于卒伍。

一、计算机时代的账务处理与财务共享服务中心

9. 会计电算化的普及

　　会计电算化的普及让企业的会计工作变得轻松，会计人员被极大精简。自从有了电算化，做不平账已成了会计人员遥远的记忆，再粗心的会计也不至于在做账时出现借贷方不平的状况。手工账时代，会计人员在结账时一次性将报表做平可不是件轻松的事。结账时的对账工作要耗费大量的时间，倘若某个会计人员粗心大意，漏登一笔科目明细账，或者记错了科目，又或者点错了小数位，这些都要一点点排查出来。

10. 财务软件对会计做账的简化

以会计记账为例，在传统的手工记账年代，从会计分录到会计报表，这中间有复杂的过账环节，现金日记账、银行存款日记账、总分类账、明细分类账、科目余额表，都需要会计人员做台账。有了财务软件后，会计核算实际简化成了只做分录一项。分录做完，财务软件就能自动生成会计报表及各类明细账。有了财务软件的辅助，会计人员很快就能轻松自如地完成结账，尤其是结中小企业的会计账。

11. 会计核算的行业特征

单从会计核算来看，会计工作的行业差别并不明显。无论是工业企业，还是商业企业、服务型企业，会计核算基本都是相通的。据我观察，会计核算行业特征比较明显的当属建筑业和金融业。金融业比较特殊，在于它单独适用自己的会计准则；建筑业相对特殊，在于它的纳税处理不同于常规行业。

（1）餐饮业的会计核算兼具服务业与制造业的特点

餐饮业的会计核算简单吗？可能有人觉得餐饮业是服务业，会计核算很简单。其实这是一个误解，餐饮业在后端的表现确实是服务业，可是餐饮业前端的采购、食品制作与生产制造型企业的特征是完全一样的。细究起来，餐饮业的会计核算既具备生产制造型企业的特点，又具备服务业的特点。真要搞懂餐饮业的会计核算，没有行业积淀是不行的。

（2）工业企业的会计核算体系更完整

工业企业与商业企业在商业逻辑上有什么不同呢？从本质上看似乎没有，盈利模式都是把东西买进来，再卖出去。但工业企业在买卖之间多了生产环节，也正因为有了这个环节，会计核算就需要增加成本会计岗位，多出了原料出库计价、工时统计、成本分摊等诸多事项，所以工业企业的会计核算体系比商业企业的会计核算体系更完整。

12. 会计结账六步法

做会计每个月都要结账，有些会计人员经验不足，结账时会手忙脚乱，加班加点不说，还错误频出，结账后要多次反结账。下面分享会计结账六步法，告诉会计人员如何轻松结账。

第一步，对平凭证。主要核对纸质凭证与计算机账套中的凭证是否一致，检查分录的正确性以及凭证是否断号、附件是否齐全、内容是否合规。

第二步，对平账实。主要核对资产、负债类科目是否账实相符，必要时应辅之以盘点、询证等手段。

第三步，对平账税。核对税务报表与应交税费明细账，保证账税勾稽关系合理。

第四步，对平明细。重点查看明细科目记录是否有误。

第五步，结平账套。在前四步完成后，结转利润，生成报表。

第六步，结账复核。报表生成后，审视数据的合理性，如发现数据异常，须回过头定向查账。

13. 账务合规性改造五步法

企业的会计账不合规，该怎样进行合规性改造呢？这是个很现实的问题，也是个很棘手的问题。为了保证企业账务合规性改造有序进行，我建议分五步走。

第一步，从当下开始规范，先杜绝增量问题，再逐步解决存量问题。

第二步，由近及远，追溯调整。先把近期的账处理规范，再往前纠错。

第三步，由易到难，有策略地整改。先整改容易的，后啃"硬骨头"。

第四步，根据企业经营现状，分批消化后果。账务合规性改造是有成本的，做好改造成本预算，进行账务合规性改造时引起的振动会小得多。

第五步，巩固成果，形成规范的财务制度，为将来的运行打好基础。

14. 财务共享服务中心的建立对会计核算的影响

IT 技术的进步，深刻地影响着会计核算。财务软件出现后，烦琐的总分类账、明细账不再需要会计人员手工登记，月末结账只需点一下按钮；网银出现后，出纳的大部分工作转移到了网络；财务共享服务中心建立后，人工智能预计会完全取代人执行会计核算。

财务共享服务中心是近几年流行起来的一种会计核算管理方式。它将不同国家、不同地区的实体会计业务拿到一个共享服务中心来记账和报告，保证了会计记录和报告的规范性与结构统一性，而且由于不需要在每个公司和办事处都设会计岗位，因此能节省系统和人工成本。

如果企业达到了一定规模、拥有众多分支机构，且经营内容相对单一，同时总部有集中财务管理、强化对分支机构管控的需求，即可考虑提供财务共享服务。建立财务共享服务中心是未来集团型企业账务处理的发展趋势。把总部和各分子公司的会计核算集中到一起来处理，具有以下四点好处：

（1）无须在每个成员单位设立财务部，节省了系统成本与人工成本；

（2）会计核算独立于业务，能确保会计数据准确公正，有利于客观评价分子公司业绩；

（3）账务集中处理后，分工可以做到明细化、片段化，人员效率更高，而且易于实现智能化作业；

（4）会计数据口径统一，使绩效考核更加公平。

15. 建立财务共享服务中心的本质

建立财务共享服务中心的本质是财务集权，即总部把分子公司的财权收上来，加强监管。财务共享服务中心建立后，会计核算将完全独立于业务，财务会计与管理会计的职能被完全切割，财务会计侧重监督，管理会计侧重服务。这样的分工对财务人员而言是种解脱，毕竟监督与服务职能是对立的，将之分开让财务人员少了些纠结。

财务共享服务中心建立后，可以集中处理会计核算工作，零散的会计核算业务会被整合为标准化模块。会计核算是规则性极强的工作，目前由计算机系统自动生成会计分录替代手工录入凭证已不存在技术障碍。在运算逻辑上，会计核算完全可以做到自动化，通过标准化的流程把会计分录的编制规则定义好并输入系统，系统将按照会计工程师设定的规则把账务处理好，不再需要人为判断和操作。

16. 票据传递与存档

财务共享服务中心实现了会计核算集中处理，但对于原始单据如何传递和保存的问题，很多会计人都感到困惑。目前有两种操作方式：

（1）将报销单据快递至财务共享服务中心存档；

（2）原始报销单据就地存档，开发影像系统，将原始单据转化为电子档案。

随着电子发票的普及，纸质发票终将退出历史舞台，到那时原始单据传递就不再是困扰了。

17. 账务集中管理的优越性

为了强化财务管控，许多集团实现了资金集中管理和账务集中管理。华为公司做得更特别，它将子公司虚壳化，打破了法人实体的概念，财务人员与账务处理实现了跨区域、跨国度的集中。账务集中处理至少具有以下四点优越性：

（1）有利于总部的监管；

（2）有利于节省成本；

（3）有利于细化财务分工，进行标准化作业；

（4）有利于实现绩效考核公平。

18. 未来能否实现会计做账全智能化

未来能否实现会计做账全智能化呢？技术上完全可行。例如，申请人在报销费用时只需在系统中输入报销信息，即可自动生成会计分录；再如，对于生产制造型企业，从采购开始到领料、分摊、结转、入库等环节，也能根据前端记录自动生成凭证。流程越是清晰，会计核算越容易实现自动化。从这个角度看，传统核算会计在大企业终将式微。

二、会计凭证的处理规范

19. 会计工作的两条底线

会计工作有两条底线：

（1）资金的流动一定要规范，审批完整，合法合规；

（2）开票一定要规范，必须三流一致，形式与实质都要经得住审查。

践踏这两条底线，会计工作可能涉嫌违法违规，会使企业、法定代表人与会计人员面临巨大的风险。因此，会计工作永远要把握住：真实、合法、合规履职。切记，试图用形式掩盖实质的做法不可为，也不能为！

20. 处理会计凭证是财务工作的基础

处理会计凭证是企业财务工作的基础部分。一个企业的财务工作格局如何，除了看内控与制度，还要看接地气的东西，即看看凭证装订、单据填写、发票粘贴等基础工作，从这些事项中就能看出端倪。会计凭证处理合格、规范的企业，财务基础工作不会差，因为有会计人的态度作为根基；反之，就要留神了。

21. 记账凭证后应附原始凭证

这里要特别强调一点，在会计凭证中，记账凭证后一般应附原始凭证。原始凭证既包括外部取得的票据、文书，也包括内部自制的签批单、流转单，原始凭证的作用在于对记账凭证记录的经济事项予以佐证。但世事无绝对，以下两种情况例外：

（1）结账的记账凭证，包括成本、费用、收入的结转；

（2）更正错误的原始凭证，建议在凭证摘要中对错误事项予以说明。

22. 如何编写会计凭证摘要

会计凭证摘要怎么写才算规范呢？可总结为以下几点，具体如表 2-1 所示。

表 2-1　会计凭证摘要的编写规范

	编写规范	举例	分析
1	与业务真实一致	附件是餐饮费发票，摘要记录却是"报销员工交通费"	报销存在替票现象时，摘要很容易出现此类问题
2	格式统一（主谓宾句式）	"财务部李四借差旅费"	要写清楚部门、经办人、经办事项
3	表达完整，避免歧义	将"采购部李三借款购买原材料"写为"采购部李三借款"	这会让人误解为"李三个人借款"，正确的写法是"采购部李三借购料款"
4	对反复发生的经济事项，应注明时间	"2018 年 6 月房租分摊" "计提 2018 年 5 月建行贷款利息"	这样记录的目的是防止发生漏记、重记，且便于查账
5	对频繁发生的经济事项，应注明数量	"财务部采购联想计算机 2 台"	这样注明后，相关人员不用翻阅后面的原始凭据就能做统计分析
6	更正会计分录时，摘要应注明原错误凭证的凭证号	"更改 2018 年 1 月第 35 号凭证"	如果更正错账时没有原始凭证或附件，摘要应写明冲账原因或业务内容，如"更正 ×× 号凭证错账：冲减退货进项税额"
7	一事一记	对于一借多贷、多借一贷的会计分录，应分别撰写摘要，不能一条摘要管到底	

23. 会计凭证断号的处理

对于凭证断号这种情况，相信大多数会计人员在月末结账时都遇到过。现在绝大多数企业都做到了使用财务软件记账，由系统记录的会计凭证应该是连续的，其编号也应是连续的。那么，凭证为什么会断号呢？根本原因在于，会计人员记账后，因种种原因删除了某些凭证。前面的凭证被删除了，财务软件在功能上没有实现后方凭证编号顺序前移，也没有实现让最新记录的凭证递补断号。

针对会计凭证断号现象，企业应该如何从技术层面解决呢？最简单的思路是——改写凭证号。但问题在于，清理断号时往往濒临结账日期。如果凭证量大，改写的工作量可能会很大。例如，一个月有 2 000 份凭证，第 500 号凭证被删除了，等于要改正 501~2 000 号的凭证号。此外，会导致之前打印出来的纸质凭证和软件系统里的凭证不匹配，编号对不上。可见，逐一手工修改凭证号，一则不严谨，再则没必要。

真正可行的方法是什么呢？以下两种方法可供参考。

（1）后号前填

后号前填，意思是尽可能将靠后的凭证提前，填补断号。但这么做要注意一个细节，即"后号"业务发生的时间，在选择凭证填补断号时，会计人员要考虑发票和原始单据的时间影响。

（2）用时间因素不明显的分录填补断号

如果后面的凭证不适合填补断号，还有一个可行的方法，即尽量选择时间因素不明显的分录填补断号。具体而言，可以用诸如计提折旧、费用分摊、计提减值、预提费用等分录填补断号。这类分录一般在月末结账之前才记录，所以填补断号对整个做账几乎不会造成影响。

这里我要强调一点，凭证断号虽是小问题，但有时会折射出大问题。频繁删除凭证本身就是会计人员基本技能不过硬的表现，有时还会衍生出随意篡改账务、内控不严谨的问题。出现凭证断号是不应该的，而填不好断号就更不应该了。

三、收入的确认

24. 会计与税务确认收入的依据

企业会计确认收入，一般需要同时满足商品或服务已交付、风险已转移、货款能回收以及收入成本可计量这四点。以某集团公司为例，其确认项目收入，还要求同时满足以下四个条件：

（1）已签订销售合同；

（2）产品已交付并安装调试完毕，取得客户终验证明；

（3）已向客户开具发票并被客户签收；

（4）收到合同约定的头期款。

会计确认收入的依据很严谨，对企业有利。但税务有其他规定，税务确认收入有五个标准：收钱、开票、发货、进度、合同。在纳税时点，税务看哪个标准确认收入的时间早、金额大，则可能会认可它作为计税依据。

25. 确认收入尽量通过应收账款中转

有的会计人员为了省事，会在现金销售时直接做分录"借：银行存款，贷：主营业务收入"。

省事了未必就是明智的，不妨多走一步，"借：应收账款，贷：主营业务收入；借：银行存款，贷：应收账款"。这样中转的好处在于：

（1）未来对账方便；

（2）可借助软件里的应收账款模块归集客户数据。

四、成本费用化

26. 成本与费用的界定

会计中有个恒等式：收入－费用＝利润。有些人会疑惑，这个恒等式中为什么没有"成本"呢，为何不是"收入－成本－费用＝利润"？显然，这个恒等式里的"费用"是一个大概念，它包括了成本。成本与费用究竟如何界定？关键是看费用能否与收入相对应，只要明确了是为某收入（合同）支出的费用，就应计入成本，即成本是可对象化的费用。

27. 成本归集要考虑核算难度

很多服务型企业在做账时都采用简单化处理方式，不分成本费用，全部当期费用化。这么做亦无不可，甚至更符合谨慎性原则。但也有一点不利，就是不能准确地判定服务业的毛利水平与保本点。那么，成本与费用应如何划分呢？企业可以借鉴一个简易标准，如果费用能被准确断定是为某项或某几项收入发生的，那就应直接计入成本。以足疗为例，技师的单次提成是成本，使用的药材是成本。模糊区域在于，有些费用不能直接与收入一一对应，需要分摊确认为成本，如足疗包间的房租。成本一旦归集烦琐，往往会被当作费用处理。

28. 服务收入不要强求与成本配比

　　企业确认技术服务收入时，怎么结转成本呢？估计很多会计人员困扰于收入成本匹配问题。这里先说明一下，收入成本匹配原本是针对商品销售确立的，对服务收入不完全适用。如果会计人员做账时能根据服务项目归集成本，届时将之结转为销售成本即可。如果平时已将项目成本费用化，自然不会有成本与收入匹配，也就无须结转成本了。

五、工会经费的账务处理

29. 工会经费计提的依据

　　工会经费的来源主要有以下两项：
　　（1）工会会员缴纳的会费；
　　（2）按每月全部职工工资总额的 2% 向工会拨缴的经费。
　　会计人员在计提工会经费时有必要厘清"全部职工"和"工资总额"两个概念：全部职工包括在企业领薪的正式职工和临时职工，但不包括退休返聘人员、兼职学生；工资总额包括发放的各种工资、奖金和津贴。

30. 工会经费的计提与会计核算

　　按照规定，工会经费需按工资总额的 2% 计提，并全部计入管理费用。计提的工会经费并不是企业工会都能使用的，需要通过税务或直接划拨给上级工会。例如，10 万元工资总额，需计提 2 000 元。这 2 000 元中有 40% 的经费要上缴上级工会，其他 60% 直接划拨企业工会账户使用，相关会计分录为：

借：管理费用　　　　　　　　　　2 000
　　贷：应交税费——工会经费　　　　　800
　　　　其他应付款——工会经费　　　1 200

31. 未建立工会组织，缴纳的工会经费能否返还

没有建立工会组织的企业同样需要缴纳工会经费。缴费比例为每月全部职工工资薪金总额的2%，企业向上级工会组织拨缴，或者向受托代收的税务机关缴纳。缴纳之后怎么用呢？在规定时间内成立工会组织的，上级工会按规定比例转拨给企业工会；在规定时间内未成立工会组织的，以前缴纳的工会经费则不再返还。

六、让人为难的会计分录

32. 发工资为何要通过"应付职工薪酬"科目中转

企业发工资为何要通过中转科目"应付职工薪酬"呢？有个说法是，工资先计提，后发放，计提就成为负债，为区别于其他负债，就单设了这一科目。那直接发放工资，总该可做分录"借：管理费用——薪酬（销售费用、制造费用、生产成本），贷：现金"吧，为什么不这样简化呢？原因是简化后统计薪酬会不方便。

33. 停产期间工人工资、厂房机器折旧如何做账

企业生产车间尚未正式开工，或生产车间歇业期间，工人的工资以及厂房、机器设备的折旧费，该如何做账呢？正常情况

下，这些费用应记作"生产成本"或"制造费用"。现在车间没有生产产品，如果仍将之记作"生产成本"或"制造费用"，未来将无法结转为存货成本。正确的做账方式是，将它们记作"管理费用"，计入当期损益。

34. 银行存款要依流水逐笔登记

假如某公司银行账户进账 100 万元，随即总经理提走了这100 万元，如果会计人员不记录这笔资金的进出，如何发现这一情况呢？企业应依据银行水单对银行存款做账，一笔流水记录为一笔分录，切忌把几笔流水汇总记录为一笔分录，更不能把进和出的流水金额相抵销后记录为一笔分录。这样要求，一方面是方便会计人员对账，另一方面也是为预防舞弊行为。

35. 材料库存不符的处理方式

生产制造企业的材料库存常会出现账实不符的情况，原因是多方面的，如以重量或尺寸计量的材料，其出库时本身就有误差；车间领用后有剩余，但成本已结转；出入库登记不严谨等。到年中或年末对账时，财务人员和库管人员都希望把账做平，这时该怎么处理呢？

如以重量、长度作为计量标准的存货，多次领用后出现计数误差是必然的。从实质看，此时盘点若出现盘盈或盘亏，对应的是多计或少计生产成本。如果强调实质，此类差异做账调整时不宜计入管理费用，而应该增计或减计生产成本。

36. 材料入库，发票未到如何入账

材料入库了，企业没有收到发票，该如何入账？此时分三种

情况处理。

（1）对于价格和金额确定，发票延后取得的情形，在材料入库时会计人员直接做账即可，在取得发票后，将发票附在凭证后作为凭据。

（2）对于价格和金额不确定的情形，会计人员可以暂估入账，待取得发票后，将暂估凭证冲销，然后按发票金额重新做账即可。

（3）对于始终拿不到发票的情形，会计人员不能将材料对应的成本在企业所得税税前扣除。

37. 企业向个人借款不在"短期借款"科目核算

企业向个人或机构拆借资金，无论有无合同，会计人员在做账时都不能将其记在"短期借款"科目。短期借款一般只核算企业向银行等金融机构借入的一年期以下的款项。企业向个人或机构拆借资金须记入"其他应付款"科目，支付的借款利息，在取得机构开具或税务代开的"资金使用费"发票后，可以在企业所得税税前扣除，扣除额不得超过同期银行贷款利息部分。

38. 利息支出资本化会导致资产价值虚高

利息支出资本化是否合理？这值得商榷。借款利息正常应计入财务费用，但有时也计入资产，如基建贷款产生的利息，先计入在建工程，竣工验收后结转为固定资产。我一直觉得利息资本化不符合谨慎性原则，等于变相高估了资产，低估了费用。例如，企业盖楼，全用自有资金或全用银行贷款，盖的楼账面价值有高有低，如何公允呢？

39. 名股实债的利息处理难题

名股实债的利息如何处理？如果作为财务费用入账，不太合规；如果作为股东分红入账，也欠周全，这等于仅仅给部分股东固定股利。名股实债的资金进入企业前，应征得股东大会的同意，在入资协议中明确约定股利的支付方式。但这样处理存在法律风险，一旦企业亏损，或盈利不足以支付这部分固定股利，名股实债就会侵害债权人的利益。

40. 利息收入能记两个借方吗

会计分录必须遵循"有借必有贷，借贷必相等"的规则。然而，实务中有些会计人员并没有严格这么做。很多会计人员在做利息收入分录时都会把分录做成两个借方，"借：财务费用（红字），借：银行存款"。这种做法的好处是什么呢？是为了取数方便，做费用分析时只看借方发生数即可。

41. 总经理购买的佛像该如何入账

有位企业总经理非常信佛，他花 10 万元重金请回一尊佛像，并且取得了正规发票。会计人员在入账时应该将这尊佛像记哪个科目呢？如果记"固定资产"，可能不妥，因为这种佛像的公允价值也许就值 1 000 元；如果记"无形资产"，不符合无形资产的定义；记"营业外支出"或"管理费用"似乎有悖总经理的本意，因此把它当装饰品，记入"长期待摊费用"科目可能更合适。对这类费用，税务机关允许其税前扣除的可能性不大。

42. 企业代扣员工个税的分录

企业代扣员工个税的分录一般为"借：应付职工薪酬，贷：银行存款，贷：应交税费——个税"。实际缴纳个税时，现金流量表中需要填列为"支付给职工以及为职工支付的现金"，而不是"支付的税费"。原因在于个税并非企业自身的税费，它只是工资的一部分。我个人认为，代扣个税时分录记成"其他应付款——个税"更合理些。

43. 预提费用能否税前扣除

如今，预提费用科目虽然已取消，但预提费用还存在。预提费用能否税前扣除？一般而言，不能。税务机关以票控税，哪能让你没拿到发票就先做费用呢！当然也有例外情况，如按月预提的贷款利息。企业年末预提的年终奖如能在汇算清缴前发放，也可税前扣除。

44. 投资转移如何做账

下面我们来看一个案例：

A集团投资1 000万元占有B公司100%的股权，A集团投资100万元占有C公司10%的股权。A集团拟将对C公司10%的投资以增资方式注入B公司，经评估，该股权价值2 000万元，增资后全部增加B公司的注册资本。

请问A集团该怎么做这笔投资转移业务的会计分录？这个问题的关键在于A集团是否要确认1 900万元的投资收益。从实质上看，A集团这次股权置换并没有实际利益流入，A集团对C公司的投资，C公司的最终控制人未发生变化。A集团在做账时将

1 900万元股权增值先计入资本公积更为合理,等未来实际转让时再确认投资收益。

45. 销售折扣、现金折扣、销售折让的差别

销售折扣、现金折扣、销售折让有何差别呢?销售折扣是指销售方为鼓励购货方多购买其货物而给予的折扣,做账时直接按照折后价处理,不体现折扣金额,按折后金额开具发票。例如,原价100元的商品95元卖出,做账时直接按95元处理,不体现5元的折扣。现金折扣指商品卖出后,销售方想让客户尽快付钱,少收5元,这5元相当于应收账款贴现的代价,记入"财务费用"科目,但发票按100元开。销售折让是因商品有瑕疵而豁免部分货款,视同销售收入减少处理。

46. "再来一瓶"怎么做账

贩卖饮料的商家在促销时采用的"再来一瓶"策略中,对赠送的那瓶饮料该如何做账呢?我见过以下四种处理方法:

(1)视同销售,该方法虽然是正确的,但企业会有损失;

(2)视同促销费用,将饮料成本计入销售费用,但要转出相应的进项税;

(3)与正常销售合并确定收入,等于做低平均销售价格;

(4)不做账务处理。

我倾向采用方法(3),但需要与税务机关沟通。

47. 企业租个人住房时税点怎么处理

假定月租4 000元,房东不承担增值税税点3%(不考虑附加税影响),那么有两种处理方式:

（1）签合同时把房租提高，税点让房东承担，但保证房东净租金为 4 000 元，本例中房租可签为 4 120 元；

（2）企业支付税点，房租仍为 4 000 元，企业代交的 116.5（4 000÷1.03×3%）元增值税计入营业外支出，不能在企业所得税税前扣除。

从节税角度看，（1）更有利。

48.“预存话费送手机”怎么记账

手机运营商的“预存话费送手机”活动是一种常见的营销模式，既可以看作运营商变相降低话费，也可以看作运营商在做混合销售。对于“预存话费送手机”活动，会计人员应如何处理，以下两种做法哪种可行呢？

（1）预存话费作为手机销售款，每月返回的话费视作商业折扣。

（2）手机作为赠品计入销售费用，预存款分月确认为话费收入。

目前，税务机关认同（2）的做法。

49. 分录做错了怎么改正

在线收看

对于会计分录做错的情况，如果会计人员当月发现了，在财务软件中直接把分录改过来即可，当然也可以用红字冲销错误分录后，再做正确的分录。如果跨月了才发现，在错误分录不影响会计报表时，仍可以在财务软件中反结账，把分录直接改过来，但不建议这么做；若错误分录会影响会计报表，那就必须做调整分录。这里要提醒大家，即便错误分录不影响会计

报表，也不建议频繁使用反结账功能。

50. 企业的第一笔与最后一笔分录

开办企业，第一笔分录应是"借：银行存款，贷：实收资本"；企业关门，最后一笔分录则是"借：实收资本（资本公积、未分配利润），贷：银行存款"。一头一尾，都是股东的事。如是这般结局，实属幸运。怕就怕开头很热闹，结尾却无比凄清，股东分文不能落下，"借：实收资本（资本公积），贷：未分配利润"。

会计闲谈——会计学与其他学科的联系

（1）复式记账法的数学原理是二维数组。

（2）会计信息系统是会计学连接统计学的桥梁。

（3）会计借贷平衡有艺术上的美感。

（4）会计利润核算与分配具有一定的阶级属性，体现着政治学的伦理。

（5）成本核算与盈利分析无疑具有管理学的属性。

（6）谨慎性原则与成本收益原则极富哲学的辩证色彩。

第三章

费用报销与发票管理

费用报销是一面镜子：签字流程与权签额度体现了企业的内控水平；发票审核与费用归属可折射出税控风险意识；有无公款私用、贪污浪费情况可甄别高管的廉政程度；费用动向则能透视企业运作效能。

一、费用报销是一面镜子

51. 费用报销是一项不被重视的重要工作

在线收看

费用报销是一项不被重视的重要工作。说它不被重视是因为费用报销是会计人员日常处理最多的事务，因为它规范性强、重复度高、操作难度小，因此有些人对它不太重视。说它重要是因为它大约占到会计凭证处理量的70%，会计人员把费用报销做规范了，会大大提高基础账务工作的质量。费用报销应重点关注发票合规性、涉税风险、签字手续以及预算等事项。

52. 费用报销潜在的税务风险点

费用报销潜在的税务风险点有哪些呢？答案如下：

（1）发票审核不严，存在假票、废票入账的现象，导致企业少交企业所得税；

（2）将薪酬类支出当作费用（如加班补贴）处理，导致企业少交个人所得税；

（3）将不能全额在税前扣除的费用计入其他科目，如将旅游费计入差旅费，导致企业少交所得税；

（4）将赠送行为产生的支出当作费用报销，如购买礼品用于客户维护，导致企业少交增值税、附加税、个税以及企业所得税。

53. 费用报销时会计人员审核的内容

费用报销必须做到四统一，即会计分录、凭证摘要、审批单据以及发票应保持一致。这样做一方面保障了会计做账规范，另一方面可以规避税务风险。有些企业的费用报销瑕疵较多，有替票现象，也有套现现象，还有替薪现象，这给财务工作留下诸多隐患。不管怎样，会计人员应秉持一点：对于费用报销，只认发票上的列示内容。

针对费用报销业务，会计人员应审核以下内容：

（1）发票的合规性，要挑出假票、废票；

（2）报销金额与发票金额是否一致；

（3）权签是否完整；

（4）费用是否在预算内，超预算与预算外费用有无特批；

（5）报销单中填写的事项与发票是否一致。

这里要注意几点：（1）（2）（5）体现的是涉税风险控制；

（3）体现的是授权控制；（4）体现的是预算控制。

54. 员工报销费用的签字流程

有些企业的费用报销要经历一长串的领导签批，这真的有必要吗？通常，中等规模的企业签字流程一般为先部门经理签批，然后由财务部负责人、财务总监、主管副总签批。如果企业没做费用预算，可能还需总经理签批。这样签批的作用在于，部门经理签批是为了证明业务属实，财务部负责人签批是为了审核发票与金额、核定预算，财务总监签批是为了知晓资金流向，主管副总或总经理签批是审批同意资金支出。除此之外，多出来的签批大体属于以下两种性质：

（1）跟风走形式，只要前面签了，他就签；

（2）签批事项是需要签批人知情了解的事项，这是内控上的一个误区，把知情权与审批权混同了。

简政的思路是什么？是让听得见炮声的人做决策。

55. 费用发生后如何归集

费用发生后如何归集？很多会计人员是按照部门进行归集的，也就是说，发生费用的人属于哪个部门，就把相应的费用归集在哪个部门。这样的做法是有问题的，正确的做法是按照费用的受益对象进行归集。例如，审计部到分子公司做审计，借调两名会计人员参与。会计人员发生的差旅费应该记在审计部而非财务部。

56. 给员工报销费用时应避免出现的字眼

企业在给员工报销费用时应避免出现以下字眼：

（1）补助、补贴、津贴；

（2）奖金、奖励、奖品；

（3）礼品、礼金、赠品、赠送；

（4）回扣、返点、提成。

这些字眼很敏感，往往和偷逃个税相关联。会计人员在处理报销凭证时，一方面要审核发票与签批单，坚决退回不妥当的凭据；另一方面要按规范编写分录摘要，依据发票填写报销事项。

57. 费用报销的疑难事项

会计人员在处理费用报销时，通常会因以下事项为难：

（1）老板的个人消费；

（2）给客户方代表的好处费（返点、回扣）；

（3）员工找发票报销的奖金、工资；

（4）置办的准备送礼的购物卡、银行卡；

（5）没有实物入库的消费型低值易耗品、首饰、固定资产；

（6）礼品、茶叶、烟酒；

（7）给企业外部关系人报销的费用；

（8）没有其他依据的会议费、培训费以及咨询费。

针对这些事项，会计人员要严格遵守财会法律法规与相关制度，杜绝违法违纪行为。

58. 报销会议费仅有发票是不够的

会议费报销仅有发票是不够的。召开会议一般都会发生餐饮费，这些餐饮费可以计入会议费里报销。但要注意，相关人员在报销会议费时要有足够的证据表明会议确实召开了，而且时间、地点、时长都能对上。现实中有些企业以召开会议的名义变相休假，开一天会，玩两天。这种情况一旦被税务机关查实，后两天发生的餐饮费是要做纳税调整的。

59. 餐饮费不等同于业务招待费

餐饮费虽然是业务招待费的主体，但二者不能完全画等号。一方面，业务招待费的核算范围要大于餐饮费，它还包括赠送纪念品的开支，旅游景点参观费和交通费及其他费用的开支，业务关系人员的差旅费开支等；另一方面，并非所有的餐饮费都应计入业务招待费，会计人员要将业务招待费与差旅费、会议费、培训费、董事会费等区分开。例如，出差人员的日常餐饮费可计入差旅费；企业组织会议时，与会人员的餐饮费可计入会议费。

60. 员工聚餐的餐饮费如何做账

企业员工聚餐，发生的餐饮费不用记入"业务招待费"科目，可记入"应付职工薪酬——福利费"科目。聚餐费用是为集体发生的，自然不需要分到人头并代扣个人所得税。员工聚餐的费用能否全额在企业所得税税前扣除？因为做账计入福利费了，遵照员工福利费的规定，不超过工资薪金总额 14% 的部分准予全额扣除。

61. 差旅费报销制度

每次讲到差旅费报销制度都要提及交通工具，一般来说，所有企业都会对何种级别选乘何种交通工具以及档位座次做出规定。交通工具分飞机、火车、轮船、汽车四种，企业报销制度会逐一罗列。轮船票在企业费用报销中很少出现，我自己做了十多年会计工作，仅在一家企业见到过轮船票。即使如此，企业也都会把它写进费用报销制度里。

对于差旅费中哪些项目可以列支，哪些项目不能列支这一问题，规定如下。

（1）差旅费中可以列支的项目

① 交通费（机票、火车票、长途汽车票、轮船票）。

② 市内交通费（出租车票、公交车票、地铁票、过桥过路费）。

③ 住宿费。

④ 餐饮费（出差人员正常的餐饮费，不包括宴请费用）。

⑤ 杂费（行李托运费、订票费）。

⑥ 出差补贴（无票据，现金发放），对这部分费用各地规定不一，有些地方就要求并入工资交个税。

（2）差旅费中不能列支的项目

① 外部人员来公司考察、调研发生的交通费与住宿费，须在招待费中列支。

② 组织员工旅游发生的费用，须并入员工工资计征个税。

③ 出差时发生的招待客户的费用，须在招待费中列支。

④ 员工探亲发生的交通费，须在职工福利费中列支。

62. 出差补贴该如何报销

以前，报销出差补贴是个没有争议的话题，出差一天补助现金若干，直接计入差旅费中报销即可。而现在，部分省市已无法这样操作，若不能提供发票，出差补贴一律要并入当月工资计征个人所得税。

（1）出差补贴的天数怎么算

计算出差补贴时，天数按以下要求核算。

① 算头不算尾或算尾不算头，如 3 月 1 日出行，3 月 8 日返回，折算为 7 天，这是多数公司采用的算法。

②头尾都算，如上例，折算为8天，这是对员工最有利的算法。

③根据出行与返回的时间点判断，如为中午12点以前出发，算作1天；返回时间为中午12点以后，算作1天。

（2）出国费用如何报销

由于国外的"发票"（有的国家没有发票）与我国不同，因此出差人员一定要记得索要消费小票（类似国内超市的小票、宾馆的水单），若能同时留下银行刷卡记录单则更好。出差人员回国后凭小票与刷卡记录单就可报销。但要注意，金额别太大，费用不能超出合理区间。

63. 旅游费的涉税风险

员工旅游费存在以下涉税风险：

（1）不能在差旅费中列支，这会造成逃税嫌疑；

（2）应计入员工工资一并计征个税；

（3）因为旅游费不属于"合理的工资、薪金支出"，即便已代扣代缴个税，也不能在企业所得税税前扣除。

对于这一问题，会计人员可先与当地税务机关沟通，咨询是否可在职工福利费、工会经费中列支，以及能否在企业所得税税前扣除。

64. 往返异地的交通费的报销

往返异地的交通费的报销涉及六种情形，应分不同科目处理：

（1）员工因工作原因发生的交通费，在差旅费科目报销；

（2）因业务往来，客户在单位报销的交通费作为业务招待费报销；

（3）因员工探亲、团建等发生的交通费，在职工福利费科目报销；

（4）员工在异地培训学习发生的交通费，作为职工教育经费报销；

（5）员工赴异地参加会议发生的交通费，作为会议费报销；

（6）企业在筹建期间，员工发生的交通费在开办费中报销。

65. 节日礼品算费用还是赠送

中秋节、国庆节前夕，企业一般会为重要客户备上一份礼品。对此我们该如何看待？一律将其视为不正之风吗？如果认可它的存在，那其费用该如何入账？这部分支出实质是市场费用，形式又是赠送，要实质还是要形式？首先，赠送礼品给个人，需代扣代缴20%的个税；其次，礼品费在企业所得税税前扣除时，类似餐饮费，不能全扣，企业所得税又无法少缴；最后，企业购进礼品送人，视同销售，会涉及增值税。因此，为规避赠送礼品给企业带来的这些税务风险，最稳妥的办法是不允许报销礼品费。

66. 在写字楼租办公场地，水电费如何入账

在写字楼租办公场地，水电费如何入账呢？物业自身开不出水电费发票，电力公司与自来水公司不会分别给租户开发票。相关部门只会给物业开具水电费发票，且金额往往是整栋楼的总额。这等于在大多数情况下，企业租用写字楼是不能取得水电费发票的。解决这个问题，比较合理的做法有两种：

第一，物业按实际用水量、用电量给租户开收据，同时附上水电费发票的复印件，物业做代收代付处理；

第二，将水电费列入物业费用。

67. 手机话费如何报销

现在手机号要求实名制，个人到运营商营业大厅开具话费发

票时，发票抬头只能是个人名字。这里存在一个问题，发票没有公司抬头，税务机关是不予认可的。这个问题有个思路可以解决，即由单位按规定的报销标准统一为员工的电话充值。

68. 员工报销置装费能否在税前扣除

企业给员工报销置装费能在税前扣除吗？这要分两种情形来处理：常见的情形是企业规定好员工每年报销置装费的标准，然后员工自行找发票到财务部报销，这种情形实际上是企业给员工发补贴，依据税务规定，报销额度应并入工资计征个税；还有一种情形是，企业统一制作并要求员工统一着装发生的置装费，这类费用可以作为企业合理支出在税前扣除。

69. 学历教育的学费不能作为职工教育经费报销

员工在职读研、读博、读 MBA、读 EMBA 的学费不能作为职工教育经费报销。此类学习属于学历教育，员工学历教育支付的学费，单位同意报销的，应记入"应付职工薪酬"科目，并代扣代缴个税。职工教育经费主要是为提升员工的工作技能而发生的，旨在增强员工的业务技能；学历教育立足长远，旨在提升员工的软实力。这是二者的主要区别。

70. 说不清、道不明的"公关费"

当前许多企业都有一项支出说不清、道不明，美言之为"公关费"，其实质财务很难监控。此类支出怎么入账，这让会计人员伤透了脑筋。实务中有三个办法可以借鉴：

（1）不针对个人，只与机构签订服务协议，由其开具发票；

（2）以劳务费名义支付，企业代扣个税，当然税点需要企业承担；

（3）要求对方据实提供发票报销。

二、发票背后的经济利益

71. 没有发票能否报销

没有发票能否报销？这个问题涉及两个层面。

第一，费用发生了且能提供证据证明的，可以报销，但不得在企业所得税税前扣除。

第二，无法证明费用真实发生的，除了不能在企业所得税税前扣除，还要分情况处理，如果是内部员工报销，报销款并入薪酬计征个税；如果给外部人士报销，视同赠送计征个税。

72. 以票控税的两层管控

如果你是一名费用会计，我相信你对发票审核不会陌生。发票审核是费用会计的一项重要工作。做费用报销时，为什么把发票审核看得这么重要呢？源头在于税务有要求，税务以票控税，只有发票是真实的、合规的，税务才允许费用在企业所得税税前扣除。

税务要求以票控税，企业也提出了相应要求——凭票报销。以票控税是目前税务管理的底层逻辑，也是税务管理的基本要求。以票控税或许有让企业"不舒服"的地方，如有些费用的发生难以取得发票，但它的主体思路是严谨的，对管住税、管好税功莫大焉。以票控税实际是两层管控：

第一层管控，采购方只有拿到发票才能进行增值税进项认证抵扣，相应的成本费用才能在企业所得税税前扣除；

第二层管控，销售方开具发票后，意味着纳税义务形成。

这两层管控无异于构成一个闭环，税在闭环内必须要逻辑自洽。

73. 经营范围会限制开发票吗

当企业打算开展某项新业务时，会计人员总要提醒一句："没有这项经营范围，开不了发票。"发票似乎成了限制企业业务拓展的瓶颈。对此有人存疑：经营范围有必要限定吗？这应从多方面来看，例如，对于生产制造型企业来说，由于其涉及环保、安全等问题，因此审批是有必要的；而对于食品、药品、化学品、危险品的经营，审批更是不可缺少的环节。除敏感业务外，实务中企业有超经营范围的业务事项，也是可以开发票的。超范围经营开具发票，分以下两种情况处理：

（1）临时性业务，建议先向主管税务机关说明情况，再增加相应征收品目，自行开具发票；

（2）经常性业务，建议先联系工商部门变更经营范围，再由主管税务机关增加相应的征收品目及征收率，自行开具发票。

74. 收款与开票，孰先孰后

实务中经常会发生一种情况，即财务部要求先收款，后开发票；客户要求先收票，后付款。双方的业务人员都强调这是财务的规定，问题是两边的规定背道而驰，这样一来就僵住了。如果不考虑店大欺客与客大欺店的因素，究竟谁的要求更合理呢？我认为是先收款，后开票。原因是商品与服务已经交付了，买方就应该付款，付款后取得发票作为佐证。对于先开票后付款，很可能会引起纠纷，曾经发生过买方拿到发票却赖账，表示已经付款，而卖方没有证据证明未收到款的事件。

如果企业不可避免地先开票，后收款，那么必须做好预防工作。例如，在合同中明确开票与付款无关，并约定付款方式；在交付发票时让买方备注尚未付款；让买方开具收到发票的回执，注明尚未付款。

75. 发票盖章的常见错误

发票盖章的常见错误如下：

（1）以盖财务专用章代替盖发票专用章；

（2）同时盖财务专用章和发票专用章；

（3）发票抬头错了，修改抬头后，在修改处盖发票专用章；

（4）发票专用章盖得不清晰；

（5）会计人员发现发票专用章不清晰后，重新加盖一次；

（6）盖旧版的发票专用章。

存在上述这些问题的发票都属于废票。

76. 发票抬头能用繁体字或英文吗

企业开具发票时，单位抬头能用繁体字或英文吗？根据《中华人民共和国发票管理办法实施细则》（国税总局令第 25 号）第二十九条的规定："开具发票应当使用中文。民族自治地方可以同时使用当地通用的一种民族文字。"因此，英文不行。另外，纳税人使用中文开具发票，中文使用应符合《中华人民共和国国家通用语言文字法》的规定，因此繁体字也不行。

77. 总分公司的费用发票能串用吗

例如，总部设在北京，分公司设在上海，分公司与总部为同一法人。那么，分公司取得的发票能否在总公司报销，或者总公司取得的发票能否在分公司报销？答案是不能。因为总部与分公司都是独立的纳税单位，发票抬头必须写各自的全称。

78. 跨年的发票能否在企业所得税税前抵扣

跨年的发票能否在企业所得税税前抵扣？我以前听到过多种解答：

（1）绝对不行；

（2）可以在每年 3 月或 1 月底前报销上年的发票；

（3）可以在每年 1 月底前报销上年 12 月开具的发票。

根据国税总局 2012 年第 15 号文，企业取得跨年度发票，在做出专项申报及说明后，准予追补至该项目发生年度计算扣除，但追补确认期限不得超过五年。

79. 替票不可取，把好形式关

日常工作中，有些业务人员借支备用金后不还，也不报销，一问为企业花了，再一问没有发票，这怎么平账呢？不可否认，企业有许多费用支出不能获取发票。无发票入账，对应金额在申报所得税时需调增应纳税所得额。对此，一些企业当然不愿意交 25% 的企业所得税，于是各种替票粉墨登场了。会计人员在做费用报销时，一定要警惕替票现象，把好形式关。首先，要剔除虚假发票与不合规的发票；其次，填写的报销事项要和发票内容一致。

另外，出于种种原因，很多企业会计账面上留有大量的"其他应收款"，这些名义上的资产实质是没有取得发票的费用。如果会计人员想把企业的账做实，应要求借款人尽快拿发票报销；借款人离职且无接替人的，按规定计提坏账准备，没有必要且不应该越俎代庖地自己找发票平账。

80. "保真"的发票不保真

大家不要相信市面上兜售的发票。小广告以"只要税点、绝对保真"为噱头，极易骗得企业上当。上当的内因当然是购票者的私念，或想逃避个税，或想套取企业资金。外因则是"发票商"抛出了"可先验收后收费"的诱饵。这时你就要多个心眼儿了，查验发票时可能是真的，但伎俩在后面，当你付清税点后，开票方会申请将这张发票作废。

三、电子发票的深远影响

81. 电子发票对会计的影响

如果全面采用电子发票，会计领域将迎来怎样的革命性变化呢？

（1）形式上的假发票会绝迹，会计人悬着的心该放下了。

（2）会计人员做账更及时，不用等发票了，也无须害怕遗失发票。

（3）方便费用监控，如结合公务卡，对公款私用、替票报销能起到较好的遏制作用。

（4）开发票没有门槛，手机即能操作，小商贩再不能强调没法开发票了。

82. 电子发票带来的理论颠覆

电子发票出现后，会计档案管理、审计监控、税务监管等领域的工作将发生质的变化，甚至维系这些领域工作的传统理论也将改变。

（1）会计核算有可能不再需要纸质单据的流转，加之单据审核可实现电子化，电子档案可能取代纸质档案。

（2）一旦会计电子档案取代了纸质档案，审计可以突破抽样的局限，以人工智能完成基础审计工作，审计结果会更精准。

（3）税务稽查亦可由随机选案过渡为全查，由线下过渡为线上。最终的结果是大大减少会计假账。

83. 电子发票如何避免重复报销

电子发票如何避免重复报销？根本性的办法是安装软件系统，对每张发票进行"查重"处理。但对中小企业来说，让其安装软件系统明显不现实，中小企业不愿意承担这部分成本。针对这种情况，可以采取以下三个方法替代：

第一，约定电子发票的最长报销时限，尽可能缩短费用发生后的报销间隔，减少留滞票；

第二，用 Excel 表格登记电子发票的发票号台账，方便电子发票报销时查重；

第三，使用微信端的发票登记小程序查重。

会计闲谈——人生的会计周期

如果把个人当作企业，把人生当作企业的生命周期，那么每个人的股东无疑是父母，从出生到大学毕业是建设期，从参加工作到退休是经营期，从退休到去世是清算期。经营期能否出彩，建设期的基础牢不牢很关键。基础不牢，经营期就只能提供低附加值产品，利润会很寒酸，搞不好得要股东追加投资，这就是对"啃老"的会计解读。

第四章

财务软件与工具的使用

　　如今，还有多少会计人员做手工账呢？做手工账最大的烦恼是月末结账时账做不平。为了把账对齐，大家要逐个科目核对分录与明细账，工作量非常大。顺利时，很快就对齐了，不顺利时加班加点也枉然。这时老会计的经验显得很重要，他们往往能判断出什么地方容易出错。现在，我们要感谢财务软件，从此不再担心账做不平了。

一、财务软件的小心思

84. 会计核算的数据维度

　　会计核算的数据维度越多，企业未来调用数据越方便。但数据维度过多，又会加大会计核算的难度，平添会计核算的成本。如何平衡呢？我的意见是，未来经营管理需要管到哪些维度，会计核算就核算到哪些维度。在财务软件中，增加会计核算维度的办法有两个：第一，增加下级科目；第二，增加辅助核算字段。

85. 新设企业账务规划的关注点

　　新设企业的账务规划应关注以下几点：

（1）未来能满足企业多维度、多口径提取财务数据的需要；

（2）适应未来企业因组织结构调整而进行账务对接的需要；

（3）满足企业未来扩容的需要；

（4）财务软件的遴选与未来企业信息化的接驳；

（5）成本费用归集、收入确认的依据可清晰辨别；

（6）满足企业税收筹划的需要。

归结为一句话：新设企业应尽量按规范化的企业要求布局。

86. 集团型企业如何规划财务软件

集团型企业的财务软件应做到四统一：

（1）财务软件选取统一；

（2）会计科目设置统一，一二级科目做到完全一致，三级科目各分公司可以根据实际调整（政策法规有统一规范的三级科目除外）；

（3）会计核算依据统一，各科目核算的内容、口径一致；

（4）财务报告的输出格式统一，这主要是为了统计方便、阅读方便、合并报表方便。

87. 月末结账与年末结账的区别

月末结账和年末结账有何区别？年末结账无疑是月末结账的一种，所以月末结账具备的特点，年末结账同样具备。年末结账又有其特殊性，具体表现为：

（1）年末结账对发票要求更严格，一般不允许跨年；

（2）年末结账要做企业所得税汇算清缴，对企业所得税的核算要求更精准；

（3）年末结账一般都会进行对账及盘点；

（4）年末结账后要关闭当年账套。

88. 反结账功能有悖会计伦理

我认为财务软件的反结账功能有悖会计伦理。会计人员为什么要反结账？因为要改账。为什么要改账？背后原因有很多。如果前期账做错了，本不必劳神费力反结账，红字冲销，重新记账即可。就怕反结账不光掩盖了前期错误，还会助长"错误"。

89. 账务初始化应注意的事项

针对账务初始化，企业应注意以下事项：

（1）会计科目设置要有前瞻性，要考虑到企业现在没有、未来可能有的业务；

（2）会计科目要可扩容，科目编码需预留出空间；

（3）辅助核算字段要完整，但不要面面俱到；

（4）有子公司的，要一并规划，做到母子公司账务体系一致；

（5）各会计科目的核算内容要能清晰界定，避免出现多个会计科目核算内容相互交叉的情况。

二、Excel 是当代会计人的算盘

90. 会计人需培养五方面的能力

会计人要想提升自己，需刻意培养以下五方面的能力。

（1）Excel 运用能力：熟练使用 Excel，锻炼 Excel 思维。

（2）PPT 运用能力：化繁为简，提炼思想。

（3）写作能力：文笔好的人在任何企业都是受欢迎的。

（4）演讲能力：好的口才容易让人脱颖而出。

（5）组织能力：能把会议或活动办得很圆满。

91. 用 Excel 提升工作效率

会计人用不好 Excel 难成专业高手，不会 IF 函数，个税计算就是难题，甚至连工资表都做不好；不会 VLOOKUP 函数，多表格间的关联数据处理会让你苦不堪言；不会用数据透视表，财务大数据处理会让你叫苦连天。Excel 是做财务分析的帮手，是做预算的工具。可以说，Excel 是会计人继算盘之后的又一标志性工具。Excel 无疑能提升工作效率，让会计工作事半功倍。会计人要想提升自己的 Excel 技能，关键要多用，熟能生巧，同时要主动学习。

92. Excel 思维

Excel 是工具，Excel 是方法。学习 Excel 不仅要学方法，还要学思维。什么是 Excel 思维呢？我总结为以下四点：

（1）模板化思维，让思考有条理性和逻辑性，像 Excel 表格一样规整；

（2）寻找规律的思维，从杂乱中理出头绪，就像 IF 函数运用一样；

（3）程序化思维，让思绪产生联动的效果，就像建立了 Excel 表页间的公式链接一样；

（4）分出主次的思维，就像 Excel 排序功能与 VLOOKUP 函数一样。

93. 用 Excel 编制预算模板的原则

会计人员用 Excel 编制预算模板时，要把握以下三个原则：

第一，表格设计要逻辑清晰，突出原始数据填写部分，填写的项目要明确且具体；

第二，尽可能多使用公式、函数进行运算，减少手工操作的工作量；

第三，多进行表页间的数据引流，实现每个原始数据只填写一次。

会计闲谈——会计人的五个"三"

会计人常用的三大工具：计算器（以前是算盘）、Excel、财务软件（用友、金蝶等）。

会计人常说的三个词语：发票、凭证、报表，这三项构成了一根工作链条。

会计人常接触的三个机构：银行、税务机关、会计师事务所。

会计人害怕的三项工作：对账、做预算、做分析。

会计人违法的三件事：做假账、逃税、骗贷。

第五章

会计报表的粉饰与识别

会计报表的排列及数据勾稽在设计上是严谨的，但严谨的设计未能挡住滔滔的假账逆流。如今，会计报表粉饰已成了会计圈里的显学，这无论如何都是让人难以接受的。盈余管理、财务粉饰、做假账，或许程度轻重有别，但操刀者内心的欲念却是相同的。边界在哪里、红线在哪里，会计人不可不知。

一、会计报表的不同视角

94. 底子、面子、日子

资产负债表、利润表、现金流量表合在一起称为会计主表，会计主表往往被视为会计核算的工作成果。这三张报表对企业而言地位与价值各不相同，它们分别被戏说为底子、面子、日子。资产负债表是企业的底子，利润表是企业的面子，现金流量表是企业的日子。底子因为难以看清楚，所以大多数人更关注面子。底子下的"浮肿"有的好识别，如其他应收款里的费用、应收账款中的逾期；有的"病灶不扎肉里"去，摸不清深浅，如无形资产、在建工程中的"猫腻儿"。流动资产里的"脓包"好挤，而一旦藏到长期资产里，谁又能奈何？现金流入与流出可以直接反映企业"日子"的好坏。

95. 会计报表中数据的勾稽关系

会计报表中数据的勾稽关系如下：

（1）不存在分红与以前年度损益调整时，利润表中的净利润数＝期末资产负债表中的未分配利润数－期初资产负债表中的未分配利润数；

（2）不存在受限制使用的资金时，现金流量表中的现金及现金等价物净增加额＝期末资产负债表中的货币资金数－期初资产负债表中的货币资金数。

会计人员检验会计报表平不平，一看资产负债表中的资产是否等于负债加所有者权益，二看这两项数据的勾稽关系。

96. 会计报表排列顺序有讲究

会计报表中各项目的排列顺序是有讲究的。资产负债表左右按重要性排列，以左为尊，如我们在炫耀企业规模时会讲总资产多大；上下按照流动性高低排列，货币资金永远排最上方。利润表与现金流量表上下分布，以重要性排列，重要的排上面。因此，利润表的第一项就是营业收入，现金流量表的第一项是经营活动产生的现金流量。

97. 利润表变迁承载的观念改革

你知道利润表的变迁承载了多少思想与观念的改革吗？我上大学时，利润表叫损益表，是反映经营成果的报表，现在的名字有了喜庆的味道。我一直觉得叫损益表更贴切，亏了为"损"，赚了为"益"，这两种可能都在一个名字之中。利润表这个叫法存在一个问题，亏损了怎么办？亏损现在有个自欺欺人的叫法——负利润。净利润体现在资产负债表中叫未分配利润，没有足够的现金，未分配利润就是镜花水月。

98. 企业所得税在利润表中的角色转换

企业所得税在利润表中的列示经历过重大变化。以前企业所得税税率高达 33%，可外企是 15%，并且享受这一待遇多年，现在统一为 25% 了。企业所得税曾经不是作为费用存在的，而是作为利润分配的一种形式。《中华人民共和国公司法》（以下简称《公司法》）出台后，股权意识提升，企业所得税还原了它的真实面貌。对股东而言，企业所得税是企业被强制承担的费用，企业只有交完了企业所得税，利润才真正属于股东。

99. 产品好却未形成品牌在利润表中的体现

企业有好产品却未形成品牌时，利润表会如何体现呢？一是各期利润表中收入的规模不断增加，产品好必然会有口碑效应，选择的人会越来越多；二是销售毛利率不断提升，为了打开市场，产品刚推出时定价会偏低，之后再逐步提升；三是随着销售毛利率提升，销售费用会不断增加，企业的市场推广、广告宣传力度会逐步加大。

100. 现金流量表是会计主表中的附表

现金流量表是打入会计主表中的附表。以前我们常说三大会计主表，实际上主表仅指资产负债表与利润表。现金流量表是后来凭实力打败财务状况变动表后才跻身主表之列的，不算"正根儿"。现金流量表能左右逢源，在于它切中了主表的要害。现金流量表不同于资产负债表，它属于动态报表；也不同于利润表，它是按收付实现制编制的。

101. 现金流量表三类活动的补充

现金流量表把现金收支分为了三类：经营活动、筹资活动、投资活动。事实上这三个活动不足以涵盖企业全部资金流动事项，企业有的资金流动既不属于经营活动，也不属于筹资活动、投资活动。例如，企业给某幼儿园捐款，老板从企业抽走资金。对于这样的例外事项，会计做账时无处安插，只能把它们归入经营活动之中，但它们并非经营活动，硬挤入其中只能让经营活动产生误导。或许现金流量表做一下改进，增加一类"其他活动"，就可解决这一问题了。

102. 其他与经营活动有关的现金收支该如何列示

会计人员在编制现金流量表时，"收到其他与经营活动有关的现金"及"支付其他与经营活动有关的现金"这两项的填写有个细节需注意：如果企业资金管理欠规范，员工备用金借款、还款频繁，机械地按资金流向编制现金流量表就会同时撑大两项的总计金额。这可能会导致记录与实际脱节。对此，建议将借款、还款的差额仅填列在一项中。

二、资产负债表科目的另类解读

103. 固定资产应着眼于"固定"二字

目前，很多企业还在机械地沿用会计制度的规定，价值

2 000 元以上，使用年限超过一年的资产计入固定资产。然而，几十年前的 2 000 元和今天的 2 000 元购买力相差何止 10 倍。另外，企业有几项资产只能使用一年以下呢？从金额与使用年限角度定义固定资产是严重的误读。从字面看，固定资产应着眼于"固定"二字，本意是指不动产。

104. 固定资产加速折旧符合企业现实需求

固定资产可以加速折旧，折旧政策与市场竞争何关？我们暂且分析一下，谁会利用加速折旧政策呢？自然是那些想节税且不在意账面会计利润的企业，民营企业正契合这两项条件。未来民营企业能快速回笼固定资产资金投入，自然有利于设备的更新换代，竞争优势不就形成了吗！

105. 固定资产管理都管什么

站在财务的角度，如果对固定资产进行管理，都管什么呢？我做了一个总结，固定资产管理应该围绕以下五个方面进行。

（1）采购管理。采购管理涉及采购的风控管理、成本管理，同时涉及合同管理，如合同签批流程是否完善、开票与付款条款是否合理。采购管理主要是站在风险控制的角度进行，确保企业采购不出问题，如避免采购人员吃回扣、避免资金短缺、避免发票开具错误等。

（2）账务管理。固定资产买回来了，会计就要做账，做账的链条很长。以后每个月的固定资产折旧，要做账；固定资产若出现了减值，要做账；固定资产在使用过程中有经常性的修理或大修理，要做账；最后，固定资产处置，如变卖、报废，也需要做账。因此，固定资产整个生命周期内的账务处理，是固定资产管理的一项重要工作。

（3）税务管理。固定资产会涉及税务管理吗？固定资产取得的源头就会涉及。例如，企业采购固定资产，如果没有获得增值税专用发票，那么对企业肯定是不利的。应该说，固定资产的税务管理从这一刻就开始了。后面还会涉及，如固定资产采用什么样的折旧政策，这方面需要做好税收筹划；是否加速折旧、加速折旧能否得到税务机关的认可，这些都是会计人员要关注的。

（4）存储管理。固定资产一旦买回来，就要建档，如制作固定资产卡片，还要落实固定资产由哪个部门使用，由谁保管。每年还会有固定资产盘点。固定资产在使用的过程中若责任人、责任部门发生了改变，就涉及固定资产的调配。固定资产生命周期结束，还涉及报废的问题。所有这些，都属于固定资产存储管理的范畴。

（5）效率管理。我们当然希望提高固定资产的周转率，让固定资产在它的生命周期内为企业创造更高的价值。如何才能提高它的使用周转率？这是会计人员在固定资产管理过程中需要考虑的。

106. 有些银行存款要在其他资产中核算

并非所有的银行存款都在资产负债表的"货币资金"科目中列示。如果银行存款不能被企业完全掌控，它在资产负债表中就要异地而居。例如，银行存款被法院冻结了；银行存款被其他企业、个人或银行监管和监控；银行存款被抵押给其他企业或个人。在这些情形下，银行存款流动性大打折扣，应将之改在"其他流动资产"或"其他非流动资产"科目中列示。

107. 账外无形资产和有形资产

企业账外资产可分为账外无形资产和账外有形资产。账外无形资产金额越大越好，账外有形资产要具体分析。账外无形资产如凝聚力、品牌等，虽看不见，却能帮企业赚钱。这类账外资产金额自然越大越好。账外有形资产可分为账外流动资产与账外非流动资产。账外流动资产如小金库，其金额越大漏洞越多；账外非流动资产则不同，如提完折旧的设备、厂房，其是企业压箱底的"体己"，金额越大越好。

108. 无形资产虚多实少

无形资产是一个尴尬的科目。它核算的内容除土地使用权外，大都是看不见、摸不着的虚无之物。土地使用权实际就是土地，它等同于固定资产。剩下的无形资产似乎更像待摊销的费用。然而，企业真正的无形资产，如文化、团队、口碑等，在正常情况下却无法核算于其中。我有个体会，账面无形资产金额大的企业往往真实无形资产少。

109. 土地使用权是特殊的无形资产

顾名思义，无形资产是没有实物形态的资产。常见的无形资产包括软件、专利、专有技术、商标。但有一项无形资产例外，它就是土地使用权。在很多人眼里，土地是有形的，它就应该是固定资产，会计核算时为何把它记录在无形资产里呢？在我国，土地所有权属于国家和农民集体，企业拥有的并不是土地本身，而是一段时间内对土地的使用权利。土地使用权本身只是一项权利，把它记录在无形资产中自然是合理的。

110. 资产负债表里的"垃圾筐"

资产负债表里有个"垃圾筐"，那就是"其他应收款"，它虽归属于流动资产，实则装填了许多虚胖的"伪资产"。例如：

（1）没有拿到发票的费用或者挂账的员工薪酬；

（2）收不回来的员工借款；

（3）收不回来的押金；

（4）股东为了不交税而拿走的分红款；

（5）资金拆借形成的坏账等。

这里要注意一点，其他应收款畸高的企业，往往隐藏着巨额的潜亏。

111."其他"类科目猫腻多

会计科目里的"其他"类科目说不清道不明。行政事业单位会计科目里的"其他支出"一项，经常遭受质疑。企业会计科目中涉及的"其他"更多，如资产类科目有"其他应收款""其他资产"，负债类科目有"其他应付款"，收入类科目有"其他业务收入"，费用类科目明细最后一项大都预留给"其他"。"其他"神神秘秘，就像一个不知底细的孩子，不好惹、不好碰。

112. 商誉为何少见于资产负债表

我们应该先搞清楚商誉是什么。它看不见、摸不着，其存在可使企业获得超额利润。如此说来，企业未来年度超额利润的现值之和应该是商誉的价值了。既然计量基础有了，为何做账时仍不核算商誉呢？作为资产，商誉与企业不可分割是关键原因。因此，只有在企业合并及业务合并时，商誉才会在资产负债表中浮出。

113. 难以理解的会计科目

难以理解的会计科目有两类：一类是人为搞复杂的，如"金融资产"，仅分类就让人看得头晕；另一类是雌雄莫辨的，如"递延资产""待处理财产损溢"，这类科目面目模糊，说是资产，却又可能是负债，让人混淆不清，甚至连名字都叫不利索，大家理解困难自在情理之中。对此，会计人员应加强学习，将这些会计科目理解透彻。

114. 资本公积与盈余公积名字的由来

"公积"本意是公共积累，资本公积意指"公积"来自资本，盈余公积意指"公积"来自盈余（利）。字面意思清楚了，就好理解其中的含义了。资本公积来自部分股东的投资，却由全体股东按股比分享。盈余公积来自利润，目的是不让股东把利润分光了，给企业备点余粮。

115. 为什么计提盈余公积

企业为什么要从未分配利润中计提盈余公积呢？目的很有趣，即限制企业向股东无节制地分红，从而保存企业实力，间接保护债权人的利益。盈余公积不是资金的占用形态，其本质是未分配利润。盈余公积分为法定盈余公积和任意盈余公积，计提法定盈余公积具有强制性，按每年净利润的 10% 提取，提取的上限为企业注册资本的 50%。任意盈余公积根据企业章程与股东大会的决议，从企业盈余中提取。

116. 长期股权投资成本法与权益法的划分依据

对于"长期股权投资"的核算，以前的规定是占股 20% 以下用成本法，20% 以上用权益法；现行的规定是占股 20% 以下仍保持成本法，50% 以上改用成本法，20% ~ 50% 保持权益法。我一直不太明白这样变更的目的与意义，如果用现实情况做参考，似乎占股 50% 以下用成本法，50% 以上用权益法更为恰当。

三、利润表科目的另类解读

117."税金及附加"名称的变迁

"营改增"以后，"营业税金及附加"这个科目名不副实了，没了"营业税"这个主体，科目名称有必要做变更，于是改名为"税金及附加"。其实更早的时候它叫"主营业务税金及附加"，主营业务收入与其他业务收入合并列示后，"主营"两个字就被拿掉了。现在"税金及附加"科目核算所有体现在利润表中的税费，如消费税、资源税、附加税、印花税、土地使用税、房产税以及车船使用税等。

118. 开办费不用摊销了

开办费归集的时间段为两段：

（1）从企业被批准筹建到注册成立；

（2）从注册成立到正式开始生产、经营。

开办费的核算范围包括筹办人员的薪酬、办公费、培训费、差旅费、印刷费以及注册登记费等。现行会计准则下开办费在"管理费用"科目核算，且直接计入当期损益，不再记为"长期待摊费用"，而且现行税法对开办费的税务处理要求与会计准则一致。

119. 邮电费科目的渊源

目前，一些老国企的管理费用或销售费用的二级会计科目仍有"邮电费"。很多人未必理解这个科目，不明白为什么要把电话费、邮寄费合并为邮电费，这两者压根儿就不搭界啊！实际上，"邮电费"这个科目有着鲜明的时代烙印。20世纪，我国官方的邮政、电信是一家，中央有邮电部，企业自然要把和邮电相关的费用整合在一起。时过境迁，个别企业的会计核算却未能与时俱进。

120. 业务招待费建议都计入管理费用

很多会计人员都没有把业务招待费的账做对，他们将业务招待费按部门属性归集，如将行政部门发生的招待费计入管理费用，将销售部门发生的招待费计入销售费用，将研发部门发生的招待费计入研发费用……业务招待费建议一律计入管理费用，最好不要在研发费用、生产成本、制造费用、在建工程等科目归集，已归集的可调整至管理费用科目。

121. 销售费用的曾用名

销售费用曾改名为营业费用，后来又改回销售费用。我更认可销售费用这个名称，营业费用则太抽象。企业所有经营管理活动都可以叫营业活动，因之发生的费用都可以称为营业费用。这样一来，销售费用、管理费用、财务费用、研发费用都可涵盖其中。销售费用则不一样，它的定位很精准，锁定市场销售行为。

122. 营业外收入、营业外支出是企业的反常现象

营业外收入实际是意外收入，营业外支出实际是意外支出。营业外支出多（捐赠除外），说明企业管理存在问题，因为管理不善才多意外。营业外收入多，同样说明企业管理不善。试想，哪有天上掉馅饼的好事呢？营业外收入表面上看是意外收入，其实是过去多计的支出。因此，无论是营业外收入还是营业外支出，都是企业的反常现象。

123. 营业外收入一分为三

"营业外收入"这个科目原本是个大杂烩，企业不好界定的收益都在该科目核算，但现在发生变化了，营业外收入被一分为三。按照《企业会计准则第 16 号——政府补助》《企业会计准则第 42 号——持有待售的非流动资产、处置组和终止经营》的规定，增加了"其他收益""资产处置损益"两个科目，把原来"营业外收入"相应的核算内容剥离到这两个科目中。

124. 期间费用在利润表中的列示

利润表中期间费用的列示一直在改进。期间费用包括管理费用、销售费用和财务费用。企业经营管理活动主要包括研发、生产、销售，把生产的资金流向记录在营业成本中，把研发投入记录于管理费用是有歧义的。因此，仅销售费用、管理费用和财务费用三元架构记录经营管理活动不够明晰。2018 年财政部发文，明确利润表要分别列示研发费用、销售费用、管理费用以及财务费用。

四、会计报表粉饰的尺度

125. 会计利润具有欺骗性

会计利润具有欺骗性。第一，会计利润是基于权责发生制核算出来的，有利润不见得有现金流，即会计利润只是账面利润；第二，计算会计利润时没有考虑机会成本与货币的时间价值，不尽客观；第三，会计利润没有计入资产增值。一般而言，会计利润不适用于做投资决策，会计人应跳出会计利润思维，多考量经济利润。

126. 盈余管理的四个意图

盈余管理的真实意图是什么？简而言之为"四看"：

一是给税务看，把该交的税控制在企业愿意交的范围内；

二是给董事看，让董事觉得企业业绩稳定，经营班子可靠；

三是给股东或潜在股东看，让股东对企业充满信心，将来愿意继续给企业投资；

四是给银行看，让银行对企业有信心，放心给企业贷款。

127. "洗大澡"

在日常生活中，洗澡的本意是把身上的污垢洗去。洗大澡，多了一个"大"字，说明身上要清洗的污垢很多，以前很长时间没洗澡了。把这个意思在会计上做个引申，就是要把企业账面上的潜亏（相当于企业的"污垢"）一次性处理干净。为什么要把潜亏一次性处理干净呢？平时为何没有及时处理呢？这里面隐藏了诸多问题。例如，为了避免戴上 ST（特别处理）的帽子，上市公司会想方设法避免连续两年亏损。为了在第二年不再亏损，有的上市公司会提前一年把成本费用做足，甚至少结转一部分收入留到下年，既然要亏，干脆亏个够，这样做的目的是在下一年能轻装上阵，实现盈利（一般是微利）。实务中，"洗大澡"也被某些人进一步滥用，成了企业平滑业绩的一种手段。

128. 粉饰会计报表背后的利益

"粉饰"有遮掩表面之意，粉饰会计报表是为了遮掩什么呢？应该是财务真相。如果真实的财务信息披露后可能导致对企业经营主导者不利的后果，他们就可能责成财务人员对会计报表进行粉饰。站在这些主导者的角度，粉饰会计报表是为了"美化"会计报表，通过"美化"为自身攫取更多的利益。例如，上市公司"美化"会计报表，目的是稳定股价或拉升股价；非上市公司"美化"会计报表，目的是获得贷款和投资。

129. 识别粉饰会计报表常见的方式

上市公司粉饰会计报表的方式有很多，但违法操纵盈余的手段并不多见。下面是常见的几种手段：（1）提早确认收入；（2）延后确认费用；（3）研发费用资本化；（4）做大在建工程等长期资产；（5）转圈做贸易撑收入；（6）自产自销、中间过桥规避关联抵销；（7）一次亏够再反转利润；（8）重大资产处置。

130. 看清虚增的收入与掩藏的成本

企业过度粉饰会计报表就是把利润做大，手段不外乎虚增收入、掩藏成本。被虚增的收入因为没有现金流入，所以一定会在账面体现为应收账款。被掩藏的成本因为没有结转为主营业务成本，所以一定是在存货中虚挂。因此，搞清楚企业是否过度粉饰会计报表并不难，一是对应收账款进行函证，看看债权是否真实存在；二是盘点存货。

131. 虚增收入的常见方式

你清楚收入跨越式增长背后的故事吗？

某医药企业刚上市时收入 10 亿元，董事长提出下一年度做到 40 亿元。这样的大飞跃能实现吗？他真的做到了，办法是先在各地收购一批医药企业，但规模还不够，于是又收购了一批医药销售企业。合并报表后，收入真达到了 40 亿元。但祸根埋下了，收购的这些企业能盈利者寥寥无几。

企业虚增收入的常见方式有以下三种：

（1）提早确认收入，寅吃卯粮；

（2）联合几家外部公司转圈倒货，为做收入而折腾；

（3）虚构合同，凭空捏造收入，企业需要为假收入承担一定的流转税。

即便理由万千，企业经营者也不能因虚增收入让股东受损。

132. 提早确认收入的危害

公司提早确认收入，"危害"是什么？举例如下：

甲公司是一家科研型企业，公司主业是做型号项目开发，项目开发周期较长。销售合同一般依据开发节点回款。公司为了粉饰报表，屡屡提早确认收入，确认的应收账款成了无源之水。一旦合同取消或变更，已确认的应收账款就只能长期挂账了。

上述案例中，如果甲公司提早确认收入的比重不大，公司未来还能维持正常增长，对公司运营可能不会有显著影响。怕就怕提早确认收入成了滚雪球，越滚越大。提早确认收入的比重越来越大，风险会越来越高，而滚大的雪球终将破灭。

133. 商誉爆雷

2018 年年底，上市公司因商誉爆雷的问题浮现出来了。所谓商誉，本就是一个"荒唐"的概念。商誉极可能是混进资产里的潜亏。多年以前，出台的关于商誉的会计准则规定，商誉不做分摊处理，而是搞减值测试。但减值测试很少有人能做出准确的评判，现实如此，结果难免成了摆设。

134. 警惕有净利润却没有现金流入的企业

实务中，我们要警惕净利润为正，经营活动净现金流量为负，筹资活动净现金流量为正的上市公司。这些上市公司的利润往往是假象，现金流量会说真话。这三项综合来看，最靠谱的解释是，利润做出来了，但货款没有收回来，企业资金链紧张，于是靠借款度日。如果一家上市公司连续几年如此，基本是步入没落了。一旦银行惜贷，后果不堪设想。

135. 如何评判利润的含金量

我们可以通过以下几点来评判利润的含金量。

（1）企业投入是多少。投入越少，利润含金量越高。衡量指标为"净利润 ÷ 净资产"。

（2）利润有多少变成了现金。利润变现越多，其含金量越高。衡量指标为"经营活动净现金流量 ÷ 净利润"。

（3）利润有多少是经营活动带来的。经营活动创利越多，利润含金量越高。

（4）利润可否持续。若利润持续增长，则其含金量高。

136. 短期行为会导致企业关门

有这样一个案例：某娱乐连锁企业与某红酒商签订协议，一次性采购红酒 2 亿元，获返点 3 000 万元，随后该企业将返点计入收入，将红酒采购额计入存货。

通过这一案例，我们可以判断出以下三点：

（1）企业乱用收入确认政策，返点应作为商业折扣；

（2）红酒采购量占压了巨额运营资金，可能导致企业资金链断裂；

（3）经理人的短期行为可以要了一家企业的命。

137. 微利与巨亏背后的信号

微利与巨亏背后的信号是什么？微利大多是做出来的，更有可能是微亏，但经会计涂脂抹粉，把亏损捯饬成了盈利。微利透着经营者的虚荣心，巨亏则是持续微利的续集，以前做出来的微利终究是兜不住的。企业巨亏后有两种结局：一是就此沉沦；二是甩掉包袱，轻装上阵。

138. 假账存在的原因

假账经常出现在企业引入风投、IPO 以及增发股票等过程中。这些情形都不难理解，另外还有一种情形也值得注意，即有些集团公司绩效考核非常残酷，排名靠后的高管要"下课"，高管如不甘心就此出局，可能会挖空心思搞短期操作，但求保住位置于一时。对此，总部若耳目不灵，就可能酿成灾难性后果。

总体而言，假账的存在主要源自四个方面的原因：

（1）企业老板小家子气，这也是有些小微企业做假账的主因，目的是偷税漏税；

（2）企业创始人贪婪，一切只为在资本市场大捞一笔；

（3）职业经理人傲慢，他们要应付考核，要获得奖金，难免会有意无意地把会计报表做得好看一点；

（4）个别会计人有限理性，总觉得自己对会计准则的理解较为透彻，总以为自己能钻制度的空子。

139. 看透财务造假的乱象

企业财务造假的模式主要有以下两种。

（1）做小利润，具体做法有账外确认收入，多记成本费用。这样做的目的是偷税，操作者以中小企业、民营企业居多。

（2）做大利润，具体操作花样比较多，常见的有多确认收入、提早确认收入、少结转成本费用、成本费用资本化。这样操作的企业以上市公司、IPO 公司，或拟寻找风投的公司为主。

为什么小企业挖空心思做小利润，上市公司挖空心思做大利润呢？本质都是追求股东利益最大化。小企业股东利益体现在企业的净资产，利润做得小，交税就少，股东落下的利润就多。等到企业上市后，状况就不同了，股东的利益体现在股市，与企业净资产部分脱钩了，这时利润做得越大，市盈率可能越高，股价就越高。

140. 合理设定 KPI 可以预防收入作假

杜绝企业虚增收入，需要在制定 KPI 时让其他指标牵制收入指标。单一的收入指标作假很容易，但增加销售毛利率指标后，虚增收入就难多了，至少难以通过倒货贸易作假；如果再加入经营活动净现金流量指标，提早确认收入就不可行了；如果再对应收账款增长率加以考核，基本就可以堵住虚增收入的口子了。

141. 四招识破上市公司年报伪装

第一招，对比着看年报里面利润表收入的增幅和营业利润的增幅。

第二招，对比着看营业利润与经营活动净现金流量。

第三招，看上市公司净利润的主要来源。

第四招，看计提的资产减值。

这四招结合着看，可以发现上市公司业绩作假的端倪。

五、合并会计报表

142. 谁需要编制合并会计报表

每个企业都需要出具自身的会计报表，这是工商的要求，也是税务的要求。基于此，集团公司的母公司也要出具自身的会计报表，至于是否出具集团的合并会计报表，这要看母公司是否有此需要。编制合并会计报表并非法定要求和强制规定，企业自身有需要，就编制；没有需要，可以不编制。但有例外，公众公司（如上市公司、新三板挂牌公司）如果是集团公司的母公司，是需要编制合并会计报表的，对此监管部门有专门的要求。

143. 合并会计报表的作用是什么

母公司控制着诸多的子公司、孙公司，就好比是一个公司集群。从《公司法》的角度看，母公司与子公司都是独立的利益体，站在母公司的角度，因为资本纽带的关系，母子公司有着共同的利益。这种共同利益如何呈现呢？如果母子公司的会计报表没有合并，可以通过母公司的长期股权投资及投资收益两个科目识别；母子公司的会计报表合并后，合并会计报表可以全景式地展现母子公司的资产状况、资金状况、销售状况与利润状况。

144. 什么是合并抵销

合并会计报表的本质是把母子公司当成一体看待，并对这一体化出具会计报表。合并会计报表的基础是母公司与子公司报表的累加，但累加后的结果并不是合并会计报表，因为有些科目在叠加后需要做一些微调处理。

举例言之，母公司对子公司投资 1 000 万元，占有 100% 的股份。母公司做账，会记录 1 000 万元的长期股权投资。子公司做账，会记录 1 000 万元的实收资本。如果只是把母子公司的会计报表简单相加，汇总后的资产负债表会有 1 000 万元的长期股权投资，也会有 1 000 万元的实收资本，这显然是不合理的。既然把母子公司视为一体，自然就应该消融掉这个投资动作，而消融的过程就是合并抵销的过程。

合并抵销是针对合并范围内的母公司与子公司、子公司与子公司之间的关联交易进行的。当然涉及的合并抵销的范围比较广，除了母公司对子公司投资，常见的还有母子公司间的购销行为、资金拆借行为，子公司给母公司分红，以及子公司与子公司之间的购销行为、资金拆借行为。

145. 内力不做功与合并抵销

编制合并会计报表其实就两步：
第一步，把需要合并的会计报表简单相加；

第二步，把相加后的会计报表进行合并抵销。

难的是第二步，为什么要进行合并抵销呢？原因在于关联交易不能在合并后的会计报表中体现。这有点类似于物理中的一个概念，内力不做功。做合并会计报表相当于把几个公司视作一个"系统"，这几个公司之间的交易相当于"内力"，"内力"对"系统"而言是不产生影响的。何为合并会计报表的"内力"呢？就是关联方企业间发生的经济事项。这里所说的关联方企业，指的是一并纳入合并会计报表范围的企业。

146. 对清关联交易并不容易

企业在编制合并会计报表时，关联方之间对清关联交易至关重要。集团公司做会计报表合并时，先要让下属单位填报关联往来，审核同一业务两方的挂账科目，如果金额一致，就可以做抵销处理了。这种模式要求各子公司预先详细对账，账对齐后再填报集团财务部。对账工作无疑要由子公司财务人员承担。很多关联交易对清账并不容易，有些关联交易很可能被刻意瞒报。

147. 归属于母公司股东的净利润

纳入合并范围的子公司，一般都由母公司控股（不一定100% 控股）。把母子公司的会计报表简单合并后，意味着合并会计报表的受益股东可分成两部分：一部分是母公司的股东，另一部分是各子公司的参股股东。合并会计报表上的净利润，反映的是合并范围内所有公司的总体利润，这些利润的受益主体既包括母公司的股东，也包括子公司的参股股东。合并会计报表无疑是做给母公司股东看的。为了厘清合并会计报表中归属于母公司股东的净利润，报表需要做一个切分，明确"归属于母公司股东的净利润"是多少。

六、研发费用的重要性

148. 研发支出在会计报表中如何列示

如果你注意观察最新的会计报表样式就会发现，不仅资产负债表资产类科目有"开发支出"，利润表也新增了一个费用类科目"研发费用"。有了这两个科目，所有的研发支出在会计报表中都有了落脚处。开发阶段的支出直接资本化，记入"开发支出"科目即可；研究阶段的支出直接费用化，记入"研发费用"科目即可。

149. 研发费用在利润表中单列所释放的信号

研发费用在利润表中单独列示释放出一个信号：研发费用高的企业是有长远发展规划的企业，重视研发的企业将得到更多尊重与认可。研发费用之前一直混在管理费用中核算，这既模糊了研发费用的本来面目，也歪曲了管理费用的实质。现在的改革等于"拨乱反正"，为企业在研发上所做的努力而正名。

150. 研发费用资本化的分界点

研发费用能否资本化，关键在于企业的研发工作是处于研究阶段还是开发阶段。处于研究阶段，意味着事情尚未成形，花的钱就当打水漂了，全部作为费用。处于开发阶段，好比看到了黎明前的曙光，花的每分钱都将有价值。实操中有两点不好把握：一是研究、开发临界点怎么分；二是谁敢说到了开发阶段成果就一定有价值。

151. 研发费用费用化更符合谨慎性原则

研发费用资本化仿佛是给某些别有用心的企业进行利润粉饰开的一个口子。研发不到最后一刻，谁能预知成败呢？把研发行为硬生生截为研究、开发两段并不科学；研发从来是行百里半九十，不到最后一刻没人敢说研发成功。从这点看，研究、开发是不可分的。即便研发成功了，研发成果就一定有价值吗？研发成功与市场成功差得远呢！按谨慎性原则，研发费用同样应费用化。另外，站在节税的角度看，研发费用可立即加计扣除，企业理应乐意费用化。如果会计账面上资本化的研发支出高企，那是值得关注的信号，基本可以断定企业在滥用此款粉饰报表。

152. 企业的好"三高"与坏"三高"

产业发展通常有两条路径：
（1）低价格、低质量、轻创新；
（2）高价格、高质量、重研发。

第一条路径多为仿制，企业做着做着就成了"血汗工厂"，甚至成了"假冒伪劣工厂"。第二条路径早期艰难，企业要耐得住寂寞，一旦做起来，会形成品牌影响力，华为就是例子。对此，我们把高毛利率、高预收账款、高研发费用加一块称为"好三高"，有这三高的企业几乎可断定是好企业。高毛利率、高应收账款、高销售费用加一块是"坏三高"，有这三高的企业往往一时显赫，结局凄凉。好坏三高的差别在于推动高毛利率的动因不同，前者靠研发创新，后者靠市场运作。

153. 衡量企业发展后劲看研发投入

创新是高科技企业之魂。衡量高新技术企业发展后劲，可以看它每年的研发投入。华为每年至少拿出收入的 10% 投入研发。华为 CFO 孟晚舟曾表示，研发投入要像跑马拉松，而不是百米冲刺。华为能在完全竞争的通信市场笑傲群雄，与产品、技术过硬分不开，这些又与华为研发领先的战略分不开。

研发是企业的立足之本，但也具有不确定性。企业该如何降低研发的不确定性呢？任正非有个生动的比方，先开一枪，再打一炮，然后继之以"范弗里特弹药量"。先开一枪，就是企业在不同前沿技术方向开展研究，探索中没有失败这个词，但要控制节奏；当感觉到研发项目会有突破时，就再打一炮；当觉得有点把握时，再进行密集投入，这就是运用"范弗里特弹药量"。

154. 想要预收账款，必须研发创新

"预收账款"科目贷方的发生数可以反映企业产品的竞争力，以及企业对研发创新的态度。通常，企业只有开发生产新产品、稀缺产品才能做到先收钱后发货。竞争者同样会看到这种商机，要想持续保持领先优势，企业需要不断地研发创新，苹果公司的产品就是例证。深究一下你会发现，预收款项大的企业往往研发支出也大。这也算天道酬勤吧！

七、外部审计亟须规范

155. 勿让年报审计沦落为走过场

现在，有些企业的年报审计已沦落为走过场。企业发过去三

张会计报表，审计的一份报告就出来了。这中间凭证抽查、盘点、函证、询证一概全无，甚至审计人员都不来现场。这样的审计报告究竟谁会需要呢？企业管理层心里清楚，他们不需要。股东如果真要了解企业，会另行委托事务所做专项审计。如此说来，这些企业的年报审计就是可有可无的形式了。

156. 审计怎么查账

对于查账，没有经验的审计人员会一头扎进财务账里，半天也瞧不出端倪；经验丰富的审计人员会先看银行流水单，把脉企业资金的进出，再有针对性地翻阅会计凭证，警惕现金收付频繁以及个人资金进出频繁的情况。对此，企业规范内控建议从规范资金收付开始，多用转账收付、票据收付等手段，让每笔资金的轨迹都有据可查。

157. 如何应对审计问询

企业在接受年报审计时，财务部门该如何应对审计问询呢？

（1）财务部门安排专人输出意见，避免人多嘴杂，安排的人应该头脑灵活，并且了解企业，熟悉企业历史。

（2）不确定的问题先向业务部门了解，财务人员与业务人员的解释要保持一致，避免各说各话。

（3）就事论事，不要过度解释，谨记言多语失。

（4）书面说明要经过主管领导审核。

158. 审计质量不高的原因

企业与会计师事务所是一对审计需求与供给的主体。审计质量不高既有供给不足的原因，如业务不熟、经验不够、成本不敷等；也有需求不足的原因，如有些企业或许并不需要高质量的审计报告。需求决定了供给，企业没有对高质量审计报告的追求，某些会计师事务所自然乐得顺水推舟。可见，培育有高质量审计需求的企业至关重要。

159. 谁来监督审计

在财务制度设计上，会计对业务履行监督，审计对会计履行监督。审计处于末端，如果审计不认真履职，谁来监督审计呢？目前上市公司因财报需向公众披露，其年报审计有证监会和社会公众监督，相较而言，上市公司的审计质量较高。非上市公司呢？审计质量谁来评判，目前好像还未有实质性的监督。

会计闲谈——会计科目对应的身份

如果会计科目是人名，那么每个科目都对应着一个身份。例如，固定资产是富豪，无形资产是学者，应收账款是工薪族，预收账款是高富帅，存货是游商小贩，短期投资是天天琢磨股市的老百姓，长期投资是坚持做长线的机构投资者，银行存款是啃老族，现金是不断伸手要零花钱的小孩。资产负债表就像一个社区，聚集了各色人等。

第二篇
税务处理与税收筹划

　　财务合规与税务合规一直是孪生兄弟。合规的好处显而易见，可以降低企业违法风险，保障企业正常经营。但合规是有成本的，在很大程度上，企业需要花钱"买"合规。如此一来，企业的合规性与盈利性就成了"两难"选择，这让一些经营者感到迷茫，甚至误入歧途。信息化、大数据、金税工程对企业税务的监管日趋严格，企业的税务风险意识也相应提升。对会计人员而言，税务处理能力不仅表现在规避或降低税务风险上，还表现在税收筹划上，用一句话概括就是：要在财务风险与成本之间达成妥善的平衡。

第六章

税务处理风险

如果说会计是交叉学科，那么交叉得最深、受影响最大的无疑是税务。税务处理是令会计人感到纠结的一项工作。让我们来看看常见的税种：个人所得税，其免征额和年终奖扣税问题一直存在争议；增值税，设计者既是天才也是魔鬼；企业所得税，无数秘密尽藏其中。"营改增"后，税负到底是增了还是减了，会计人员最清楚。老板们总是挖空心思想搞税收筹划，但会计人员要记住，税收筹划是有底线的。税务事项不可弄险，更不可自欺欺人，要知道税务管理两条线，除了征管，还有稽查。

一、税务处理应遵循的规范

160. 会计人员如何做好税务工作

企业税务合规较忌讳的一句话是"我们以前一直就是这样做的"。要知道，以前一直这样做不代表做对了；以前一直这样做没出问题，不代表今后也不会出问题。许多税务风险在企业体量较小时不会暴露，等到经营规模上去了，风险就会加大。企业规模较小，即便风险暴露，追究责任时，责任也不会太大；一旦企业做大，再追究责任时，性质就严重了。

会计人员应从以下几方面做好税务工作：

（1）把会计基础工作做扎实，尽量获取增值税专票，不因发票不合规导致税务风险；

（2）用足税收优惠政策，如研发费用加计扣除、残疾员工薪酬加计扣除、企业技术开发合同免税等；

（3）在产品交付环节进行筹划，争取部分收入适用低税率；

（4）按照企业形态调整税务工作，企业分立、转嫁、合并可作预案，先易后难。

161. 税负临界点

对水而言，0 摄氏度与 100 摄氏度是它状态发生改变的临界点。不妨做个引申，把临界点的概念引申到税负上。需要说明一点，税负临界点不是一个专业术语，它只是形象化的通俗表达。所谓税负临界点，就是课税时出现税负趋势变化的点，这个点往往表现在某一具体课税金额上。当课税金额在临界点以上时，税负相对较重；当课税金额在临界点以下时，税负相对较轻。

162. 税负率知多少

严格来讲，税负率不是一个标准的财务术语，它的定义和计算公式目前还未得到普遍的认可。但税负率的基本含义是清晰的，就是企业应交的税占应税收入的比例。税负率参考值更像是一道警戒线。因为个体差异大，税负率参考值没有办法一刀切，它应该分地区、分行业设置，不同地区、不同行业的企业税负率参考值是不同的，具体要根据税务大数据推定。谁愿意用税负率这个数值呢？主要是两类主体，税务机关与企业财务。税务机关通过税负率对标，可以判断企业是否诚信纳税，有无偷逃税嫌疑。企业财务看税负率数值，主要是为了衡量本企业是否存在税务风险，是否有可能被税务稽查盯上。

163. 多交的税能要回来吗

企业多交的企业所得税能从税务机关要回来吗？也许有人申请退回成功过，但退的过程会牵扯精力。企业交出去的税如泼出去的水，税额计算不可不慎。平日会计人员做账不宜高估利润，在申报企业所得税时要谨慎一些，待到汇算清缴，再尽可能补交一点税。这样企业安心，税务放心。一旦企业前面交了过头税，后面再想找后账则会非常麻烦！

164. 账务规范有利于企业节税

账务规范有利于企业节税。个别会计人员认为把账做得不清不楚、云山雾罩，税务就不好查了，这一想法荒谬至极。税务稽查的目的可不是帮会计理账，企业账务不规范可能会按核定征收或者按对企业最不利的解释征税。反倒是企业会计账记得清楚、规范会降低财务风险，利于企业节税。

165. 个人出租住房涉及的税

由于住房租赁市场不好监控，因此税务征税不多。个人出租住房，严格来讲，需要交房产税、增值税、附加税和个税。这几项税综合算下来占据租金的很大比例。实际上，个人出租住房很少交税，大概只有单位租房做员工宿舍，需要房东到税务代开发票时才会交税。房东即便交税，税点基本上也由承租单位负担。

166."三代"税款手续费

"三代"税款指代扣、代征、代缴税款。代扣、代收扣缴义务人和代征人可于每年 3 月 30 日前向税务机关提交上一年度"三代"税款手续费申请的相关资料。因"三代"单位或个人自身原因未及时提交申请的，视为自动放弃上一年度"三代"税款手续费。税务机关按不超过代扣税款的 2% 支付手续费，年度最高限额为 70 万元。

二、增值税是天才发明的

167. 增值税并非只对增值额征税

顾名思义，增值税是对商品增加的价值征收的税。从这个角度看，商贸类企业交的税最符合设立增值税的初衷，商品先购进后卖出，赚的差额部分就是增值额，企业以此纳税倒也简洁明了。工业企业可能会抱怨税负重，产品售价与成本的差额本是增值额，但税务规定不能这么算，"增值额"非要加上人工成本以及没有进项税的制造费用才行。

例如，单位产品成本 60 元，卖 100 元，增值额为 40 元，理论上增值税只应对这 40 元征税。但现实的做法是在这 60 元的成本里，人工成本、无进项的材料成本与制造费用最终都被算作了增值额。这等于变相扩大了税基，按"销项税减进项税"的模式征收增值税与设立增值税的初衷并不完全吻合。

168. 增值税进项抵扣范围的变迁

作为一名从业 20 多年的老会计，我一路见证了增值税进项抵扣范围的变迁：

（1）固定资产纳入抵扣范围；

（2）期间费用纳入抵扣范围；

（3）营业税改增值税，这使企业税务处理更加简单，税收逻辑更加清晰；

（4）不动产纳入抵扣范围；

（5）小规模纳税人也可开具增值税专票；

（6）机票、火车票等无须认证，换算的进项税额可纳入抵扣。

169. 增值税税率与征收率的区别

增值税税率有三档：6%、9% 和 13%；征收率主要有两档：3%、5%（特殊时期、特殊事项可能有较优惠的征收率）。税率与征收率有何差别呢？从纳税人角度而言，都是应交税的比率，只是数量不同，性质没什么不同。从税务的角度看，征收率是针对非一般征收而言的，涉及小规模纳税人，"营改增"过渡阶段的简易征收和特定事项的简易征收。

170. 增值税各档税率和征收率的适用对象

增值税各档税率和征收率的适用对象如下。

（1）13%：基本税率，销售商品、提供劳务，大部分增值税一般纳税人适用。

（2）9%：农产品、书报杂志、生活类能源等企业适用，提供交通运输业务服务、建筑服务以及房地产业等"营改增"后的企业适用。

（3）6%：提供现代服务业务，"营改增"后企业适用。

（4）5%：房地产业小规模纳税人简易征收适用。

（5）3%：小规模纳税人简易征收适用。

（6）零税率：出口货物与服务业务适用。

171. 理性看待三流不一致

增值税发票三流不一致，是否就一定有问题，从而被税务机关处罚呢？这里所说的三流是指物流、现金流和发票流，一笔交易三流一致当属正常状况。三流不一致是反常现象，很容易引起税务机关质疑。但这不意味着三流不一致就是虚开，就一定有问题，关键要看业务实质。如果有合理解释，有正当理由，三流不一致无须担心。

172. 从应付账款中挖出虚开增值税发票

企业虚开增值税发票偷税是很愚蠢的行为。逻辑很简单，收票的人能抵税，开票的人要交税，这是个零和博弈。如果企业有现金收入，而且付现金的人不要发票，这就给虚开增值税发票提供了可乘之机。对开票企业而言，税负不会增加，账面看不出弊病；收票方可抵扣，但账面会留下应付账款。因此，从应付账款挖掘，可以找到虚开增值税发票的事实。

173. 增值税纳税义务时间点

增值税纳税义务发生的时间节点是什么呢？实践操作中可总结为两句话：

（1）会计账面确认了收入，不管是否开具发票，一般都需要确认增值税销项税；

（2）企业已开具了发票，即便会计账面未确认收入，企业一般也要确认增值税销项税。

由此可见，增值税纳税义务发生的时间既要看实质，又要看形式，可谓两头拦截。

174. 正确认识计税增值额

销项税减进项税计征增值税的模式实际是放大了增值额。计税增值额并非商品交易环节的名义增值额，它在名义增值额的基础上增添了不少斤两，税务机关有时也会出台政策做些调减，以减轻企业税负。对比下来，计税增值额高出名义增值额的部分大致是不能取得进项税票的成本费用。

175. 何时开具红字发票

企业只有发生销货退回、开票有误、应税服务终止等情形，且不符合发票作废条件，或在销货部分退回及发生销售折让时才能开具红字发票。企业因上述原因开具红字发票后要保留相应证据，税务机关会对纳税人红字发票进行事后抽查，如发现随意开具红字发票，会给予处罚。

176. 增值税专用发票开错了如何处理

企业增值税专用发票开错，被购货方发现了，如果对方尚未认证，该如何处理？如果对方已经认证，又该如何处理？已开具的增值税专用发票对方未认证并且未跨月的，企业须收回错票所有联次，按作废处理；如果跨月了，需要开红字发票（由开票方申请）。如果对方已认证，不管跨月与否，都要开红字发票（由认证方申请）。

177. 如何看待"不要发票可降价"

很多时候，企业发生经济业务未取得增值税专票，并非对方不开具，而是企业选择了不要。市场中有些供应商为了逃税，会提供不要发票可以降价的选择。此时，不少企业会选择低价而不要发票。这是一个错误的选择，因为不要发票损失会更大，增值税、附加税与企业所得税都可能增加。

178. 有进项抵扣时，价高不一定是坏事

例如，个人想买台计算机，一商家报价 5 000 元，另一商家报价 4 500 元，该买谁的呢？大多数人会说："当然买便宜的。"做出这样的判断是基于常识。如果不是给个人买计算机，而是给企业买计算机，该买谁的呢？这时就不能仅凭常识判断了。若企业是一般纳税人，出价 4 500 元的商家开不了增值税发票，出价 5 000 元的商家能开，买贵的反而对企业更有利。

179. 视同销售是两个经济动作合二为一

视同销售的本质是将销售商品与销售后资金使用这两个经济动作合二为一，从而掩盖了销售动作。在此种情形下，会计做账不确认收入，但税务要还原销售动作，让企业交增值税。例如，企业将自产的豆浆机作为福利发给员工，就可分解成两步：

第一步，企业把豆浆机销售给员工；

第二步，企业把应收的货款发给员工作为福利。

其他视同销售行为也可依照此例来理解。

180. 视同销售犹如一把双刃剑

视同销售犹如一把双刃剑，它虽然堵住了企业变相逃税的漏洞，保住了税源，但也容易伤到企业。例如，企业把产品当作赠品送给客户，会计处理就应将该产品成本结转销售费用（借：销售费用；贷：库存商品）。但按照视同销售的规定，这种行为视同企业把产品卖给了客户，只是免除了客户的债务而已。

181. 视同销售确认销售价格的顺序

视同销售确认销售价格的顺序如下：

（1）本企业有销售的，取近期同类商品的平均销售价格；

（2）本企业没有销售的，取竞争对手近期同类商品的平均销售价格；

（3）前两项不易获取时，按组成计税价格确定，组成计税价格=成本 ×（1+ 成本利润率），其中成本利润率由国家税务总局确定。

182. "混合销售" 与 "兼营" 不可混为一谈

"混合销售" 与 "兼营" 是不一样的，不能将之混淆筹划税负。以货物生产、批发或者零售为主的混合销售，应税率从高计征增值税，而不能分收入类别分项计税。对此有什么好的税收筹划方法吗？对于交付行为同时有销售产品和销售服务的，企业不妨另外注册一家服务公司，以两个主体分别与客户签订销售合同与服务合同。

183. 存货过期报废是否要做进项税额转出

存货因过期而报废，已抵扣的进项税额是否需要转出？按照有关规定，非正常损失的购进货物及相关的应税劳务的进项税额不得从销项税额中抵扣。非正常损失是指因管理不善造成被盗、丢失、霉烂变质的损失。产品过期报废不属于非正常损失的范围，因此不需要做进项税额转出。

184. 委托进口增值税如何抵扣

《海关进口增值税专用缴款书》缴款单位允许写双抬头，即写委托代理单位名称和代理进口单位名称。原件在哪一方手中，就由哪一方申请比对抵扣。如果由委托单位申请抵扣，那么需提供《海关进口增值税专用缴款书》原件、委托代理协议原件以及汇款凭证原件，到主管国税机关办事大厅申请税务稽核比对，比对审核通过后可申报抵扣。

185. 按高税率补开发票的情形

增值税税率下降后，纳税义务发生在之前的应税行为，已申报纳税但尚未开具增值税发票的，现在仍可按原高税率补开发票。举例说明，A 企业税率下降前向 B 企业销售货物，但 B 企业未索取发票。A 企业在当月对该项销售货物行为按原高税率做了纳税申报。税率下降后，B 企业索要发票，A 企业仍可按原高税率向 B 企业开具发票。

186. 哪些增值税不能抵扣

哪些增值税不能抵扣呢？对于这个问题，有一个简单的判断标准，大多数情况下，只要你能拿到专票，就能抵扣；拿不到专票，就不能抵扣。有些行业涉及的费用比较特殊，目前规定不能给客户开专票，如银行的贷款利息、餐饮服务费和娱乐服务费等。也有例外，增值税规定了进项税额转出的情形，若要列入转出，专票就不能抵扣了。

187. 银行手续费的进项税额能否抵扣

企业收到银行手续费增值税专用发票，对应的进项税额认证后能抵扣吗？这要分情况对待。

第一种情况，如果手续费是涉及贷款业务的，与之相关的进项税额是不能抵扣的。

第二种情况，与日常业务相关的手续费对应的进项税额可以认证抵扣。换言之，除贷款业务外，属于其他业务发生的手续费对应的进项税额均可做认证抵扣处理。

188. 与贷款相关的财务费用进项税额能否抵扣

与贷款相关的财务费用取得的进项税额能抵扣吗？利息肯定不能。此外，向贷款方支付的与该笔贷款直接相关的投融资顾问费、手续费、咨询费等费用，其进项税额不得从销项税额中抵扣。这里有一个前提，上述费用是向贷款方支付的。如果不是向贷款方支付的，而是向第三方支付，那么其进项税额允许认证抵扣。

189. 进项不足是个伪命题

近年来，增值税进项抵扣的范围不断扩大，但人工成本这道口子目前还没有放开，未纳入增值税进项抵扣范围。如果不考虑人工成本偏高的因素，"进项不足"本身就是个伪命题。与其说进项不足，不如说是成本费用不足，或者资产购置太少。每当有企业负责人提出"进项不足"，我的第一想法都是，这家企业的产品太畅销，销售毛利率太高了。从这个角度讲，进项不足不仅不是问题，反倒应该是企业的大好事。现实中的企业进项不足多数是由两个原因造成的：

第一，供应商选择不合理，采购环节没能获得增值税专用发票；

第二，企业选择低价格，不要发票。

190. 茶叶里的进项税额是否需要认证

例如，企业从商场购进一批高档茶叶，并取得增值税专票，茶叶准备送给客户，会计该如何做账？茶叶可记入"存货——低值易耗品"科目，茶叶如果不是立即送出，增值税进项税额可先做认证，目的是预防茶叶改变用途。等茶叶送出后，企业要记得做进项税额转出，茶叶价格和转出的进项税额都计入业务招待费，同时要代扣代缴个税。

191. 无须认证的增值税发票

增值税发票无须认证的情形如下。

（1）纳税人初次购买增值税税控设备取得增值税专票，可以全额抵减应纳税额，不需要认证。此时增值税专票不作为增值税抵扣凭证，进项税额不得从销项税额中抵扣。

（2）企业取得的红字增值税专票不需要认证，也就是负数增值税专票不用认证，可以直接从当期进项税额中转出。

192. 流转税退返如常，附加税征收依旧

谁说"皮之不存，毛将焉附"？且看流转税退返如常，附加税征收依旧。这里的流转税是指增值税和消费税，附加税是指城

建税、教育费附加、地方教育费附加。对于增值税和消费税实行先征后返、先征后退、即征即退的情况，如相应附加税已缴纳，税务不予退返；如附加税尚未缴纳，不因流转税退返而免征。

193. 增值税是否影响企业的利润

增值税影响企业的利润吗？当然影响，既有直接影响，也有间接影响。直接影响体现在以下三方面：

（1）当企业发生费用未取得专票时，费用等于增大了；

（2）缴纳增值税后还有附加税，附加税是费用；

（3）当企业兼营时高低税率的销售业务切割不清，会从高征税。

间接影响体现在当竞争对手存在低税率或偷漏税情况时，会挤压规范纳税的企业。

194. 增值税为谁而降

降低增值税税率，降税红利到底该销售方享受，还是该购买方享受？在回答这个问题之前，我们要明白增值税到底为谁而降。增值税的承担者是消费者，降低增值税，理所当然应该是消费者获益，即由购买方获益。明白了这一点，就该了解增值税税率降低后企业常有的操作：降低产品的销售价格，提高产品竞争力。

195. 为何建筑业与房地产业的税率相同

建筑业营业税率3%，房地产业营业税率5%，"营改增"后，两个行业的增值税率都涨到了10%，现降为9%。其中有什么讲究呢？建筑业与房地产业实际是上下游产业，如果"营改增"后建筑业税率依然低于房地产业，会造成房地产业存在显著的税差，不利于房地产业抵扣。这两个行业税率拉齐，有利于房地产业建安工程外包的顺利开展。

196. 为何租赁有形动产的税率会增加

"营改增"后，租赁有形动产的税率会从 5% 增至 16%（现降为 13%），这称得上是"营改增"的头彩了。从如今的税率来看，租赁有形动产实际已等同于销售商品。从逻辑上看，租赁有形动产可视为分多次的销售，销售也可视作一次性租赁。租赁有形动产与销售商品的税率统一有利于公平，也能避免企业滥用税收筹划。

197. 餐饮消费为何不纳入抵扣范围

"营改增"明确了餐饮业的增值税不纳入抵扣范围。我们知道，餐饮发票在企业所得税税前扣除也是有限制的，不能全额扣除。"营改增"对餐饮发票再次给出了限制性条件。从企业所得税到增值税，国家对企业餐饮消费一直都有严格规定，这无疑是在传达一种信号，企业要杜绝公款吃喝。

198. 技术合同免税的现实难题

"营改增"前，技术开发合同和技术转让合同免征营业税；"营改增"后，政策规定，这两类合同的增值税可以减免。可实际情况是，口惠而实不至。税务要求，技术合同如减免增值税，就不能开增值税专票。而客户因为需要进项作抵扣，又强烈要求必须开专票。这样一来，两厢抵触，技术合同增值税减免就成了镜花水月。

三、小规模纳税人的优势

199. 小规模纳税人的税负优势与竞争优势

小规模纳税人可利用税负优势取得竞争优势。由于以往小规模纳税人不能开增值税专票，因此一般纳税人通常不愿意与小规模纳税人合作。现在这种局面改变了，税务已允许小规模纳税人开增值税专票，即便不能直接开，税务也可代开专票。既然小规模纳税人增值税征收率低，就可以在产品定价上适当让利，从而获取价格竞争优势。

200. 小规模纳税人申请代开增值税专票的征收率

小规模纳税人销售商品，应购买方要求，向税务局申请开增值税专票，税务开具的专票征收率是 3% 还是 13% 呢？明确回答，只能是 3%，小规模纳税人申请代开时要先把对应的增值税交了。如果企业是小微企业，即便月销售额小于 10 万元，找税务代开专票时，代开的增值税额也不能享受免税。道理很简单，因为代开专票后，购买方就能用来抵扣了。

201. 小规模纳税人最好申请按季报税

小规模纳税人最好申请按季报税，因为其中涉及流转税。例如，当小规模纳税人 3 月收入大于 10 万元，但是第一季度收入小于 30 万元时，其 3 月的收入是否要交流转税呢？其关键在于企业纳税申报是按月进行还是按季度进行的。如果按月申报，那么 3 月就需要交流转税。如果按季度申报，那么整个一季度就不需要交流转税。因此，小微企业要注意，当收入确认月份之间不太平均时，不妨申请按季度报税。

202. 如何处理一般纳税人转小规模纳税人后尚未抵扣的进项税额

一般纳税人转小规模纳税人后，企业该如何处理尚未申报抵扣的进项税额以及转登记日当期的期末留抵税额呢？这里要注意两点：第一，税务不会给企业退税；第二，企业也无须做进项税额转出计入成本的账务处理。正确的做法是，记入"应交税费——待抵扣进项税额"科目核算。这样处理意味着等小规模纳税人再转回一般纳税人时，可用作抵扣。

203. 如何理解小微企业免交增值税

小微企业一个季度销售收入不超过 30 万元时免税。这如何理解呢？

第一，30 万元免税免的是增值税，而且只是开具普通发票时的增值税，代开增值税专用发票的不免。

第二，增值税减免了，但企业所得税还要交。

第三，小规模纳税人、小微企业要切记索要发票，因为没有正规的发票会被视为没有成本，没有成本，利润就会高企，有利润就得交企业所得税。

四、不起眼的印花税

204. 企业会主动交印花税吗

实务中有多少企业会主动交印花税呢？企业在办税务登记

时，税务都要求先把注册资金对应的印花税交齐。既然在此设了关卡，不交自然不行。但在签订合同、设置账簿时，税务无法适时监控，缴纳印花税就是在考验企业的觉悟了。对此，有些地方税务局出台了具有约束性的操作规定，即以收入和采购额为依据计征印花税。

205. 印花税纳税义务的时间点

印花税纳税义务发生的时间点如何确定？官方解释，应纳税凭证应当于书立或者领受时完税。这里所说的书立或者领受时完税，是指在合同签订、书据立据、账簿启用和证照领受时完税。如果合同是在国外签订的，那么应在国内使用时完税。完税后，即使合同不执行了，合同金额变少了，多交的印花税也不能退返。

根据规定，2022 年 7 月 1 日后，房产证、土地使用证、工商营业执照、商标注册证和专利权证无须缴纳印花税。

206. 购销合同印花税的计税依据

对于购销合同，印花税的计税依据是合同上载明的购销金额。所谓购销金额，要分以下两种情况来理解：

（1）如果合同上购销金额价税合一，没有分开列示，就以含税总价作为印花税的计税依据；

（2）如果合同上价税分开列示了，就以不含税总价作为印花税计税依据。

由此可见，企业在签订购销合同时不能图省事，价税分开才能少交税。

207. 签合同时需要筹划印花税

印花税依据合同征收，合同签订了就要纳税，企业一旦多交了印花税，是不能退的；即使合同不履行，已交的印花税也不得申请退回和抵扣。对此，建议企业在签订合同时做好预防工作：

（1）未确定下来的事项先不要签合同；

（2）对不确定的合同金额不要高估；

（3）不同类型的经济事项尽量分开签订合同；

（4）适用不同税率事项的金额千万不要混淆；

（5）签订购销合同时价格和税金要分开记载。

208. 审计合同无须交印花税

企业与会计师事务所签订的审计合同需要交印花税吗？明确回答，不用。除了审计合同，企业签订的咨询合同和培训合同也都不需要交印花税。这几类合同不属于印花税的征收范畴。再举一例，企业间拆借资金签订的借款合同、企业与个人签订的借款合同、企业通过银行签订的委贷合同也无须交印花税，只有企业与银行等金融机构签订的借款合同才需交印花税。

209. 印花税改在"税金及附加"科目核算

印花税以前是在"管理费用"科目下核算的，现在变了，印花税改在"税金及附加"科目核算了。类似的税费变化还涉及房产税、土地使用税、车船使用税等，它们以前也是在"管理费用"科目核算的。总结一下，其中的规则就是除企业所得税外，凡在利润表中体现的税费，均要在"税金及附加"科目核算。

五、企业所得税里故事多

210. 所得税的纳税义务发生时间点

所得税有两项，即企业所得税和个人所得税，它们的纳税义务各有讲究：企业所得税遵照权责发生制确定，个人所得税遵照收付实现制确定。企业所得税的征收相对苛刻，其计算以会计利润为基础，不考虑利润有无现金支持，有利润就要征收。个人所得税以个人最终拿到的真金白银为前提，收到了、实现了才征收，应交未交的个税也可以理解为个人的递延债务。

211. 采购没有取得发票能否入账

对于企业采购没有取得发票的情况，首先要明确业务的真实性，如果业务确实发生了，入账则没问题，也可计入成本费用。但在申报企业所得税时，需要做调整，调增应纳税所得额。在实际操作中，税务是以票控税的。除薪酬等极少数事项外，没有发票的费用税务一般不予认可，除非企业能提供证据证明销售方已纳过税了，但取得此证据较难。

212. 坏账难得到税务认可

收不回的应收账款（坏账）怎样才能得到税务的认可呢？企业虽然可以计提坏账准备，但税务一般不会认可坏账准备，基本不允许它在企业所得税税前扣除。企业要想在税收上把这部分损失补回来，有两个途径可以考虑：

（1）走司法程序取得证据，如债权不成立、已过诉讼期、债务人无力偿还等；

（2）通过债务重组方式明确损失。

213. 广告费与业务宣传费

企业的广告费与业务宣传费都是为促销而支付的费用，区别在于前者取得了广告业专用发票。在企业所得税核算中，广告费与业务宣传费实行合并扣除。企业无论是通过广告公司发布广告，还是通过各类印刷、制作单位制作印有企业标志的宣传物品，无论有无取得广告业专用发票，所支付的费用均可合并在规定比例内扣除。

214. 滞纳金和罚款能否税前扣除

滞纳金和罚款能否税前扣除呢？政策明确规定，税收滞纳金不允许税前扣除，对其他的滞纳金则没有限制，如土地出让金的滞纳金、社会保险费的滞纳金、其他行政机关的滞纳金等，均可以税前扣除。对于罚款的税前扣除，要分两种情况处理：

（1）行政性罚款，不得税前扣除；

（2）经营性罚款，可以税前扣除。

215. 违约金的涉税处理

企业由于各种原因导致合同未履行，需要支付对方违约金的，这类支出不属于增值税应税行为，不需要向对方索取发票。支付的违约金入账时，凭双方签订的合同协议或双方另行签订的赔偿协议做账即可，凭证后可附上收款方开具的收据，以及法院判决书（调解书）、仲裁机构的裁定书。企业有这些佐证，违约金就可以在企业所得税税前扣除了。

216. 企业拆借资金的利息如何处理

企业之间拆借资金、企业向个人拆借资金，这两种情形下利息的税务处理是不一样的。企业之间拆借资金时，约定的贷款利率高于银行同期贷款利率，但不高于银行贷款利率四倍的，所付利息能全额在企业所得税税前扣除。企业向个人拆借资金，支付给个人的利息超过同期银行贷款利率的部分不得在企业所得税税前扣除。

217. 拥有垃圾债权的企业会遭受三层损失

应收账款、其他应收款计提的坏账准备税务机关基本不认，道理大概是不能因为企业管理不善，让政府税收受损。于是，拥有垃圾债权的企业会遭受三层损失：

（1）确认收入缴纳的流转税（增值税、附加税）；

（2）提供商品或服务的成本；

（3）收不回款却依旧要缴纳的企业所得税。

我们能否换个思维，让"老赖企业"对超过一定账龄的应付账款、其他应付款缴纳企业所得税呢？

218. 股东能分享多少利润

如果你投资 2 000 万元注册了一家公司，公司一年利润 1 000 万元，那么作为股东，你能拿到多少利润呢？仔细算算吧，1 000 万元的利润先得交企业所得税 250 万元，税后利润剩 750 万元；股东如果想拿走，还得交 150 万元的个人所得税，到手就剩下 600 万元了。照此推算，股东办的企业赚了钱，只能分享六成利润。

219. 预提但未发放的年终奖能否税前扣除

年底预提职工年终奖一直是不少企业调节利润、筹划税负的手段。企业在年末计提但未发放的年终奖可以在企业所得税税前扣除吗？这要分两种情形看：

第一，如果汇算清缴前实际支付了，可以在企业所得税税前扣除；

第二，如果汇算清缴前未支付，就不能在企业所得税税前扣除，要做纳税调整。

依理推之，对于企业真实发生、会计做账已计提的费用，可参照上述规定执行。企业不妨根据利润情况用好这项规定，尽量把纳税义务发生的时间往后移。

220. 报销劳务费需要提供发票吗

劳务费支出要不要开发票？没有发票能否在企业所得税税前扣除？对于这两个问题，税务的解释是，个人小额零星的劳务费以税务代开的发票或收款凭证及内部凭证作为扣除依据。从这一解释可见，劳务费要想在税前扣除，除代开发票外，内部凭证佐证也可以，但内部凭证应载明个人姓名及身份证号、支出项目、收款金额等信息。"小额零星"的判断标准是不超过相关政策规定的增值税起征点，具体金额依据当地税务政策确定。

劳务属于增值税的应税范围，理论上企业支付劳务费就应索取发票。实操中有两个难点。第一，劳务费额度太小时，索取发票并不现实。税务一般以 500 元为限，劳务费超过 500 元（以各地税务局要求为准）应凭票报销。第二，个人不能开票。个人收到劳务报酬后，可以到当地税务机关代开发票，也可以通过税务

App 代开发票。目前，个人提供劳务的增值税可比照小微企业处理，劳务收入单月不超过规定限额的，可免征增值税。

221. 未及时取得发票的成本费用汇算清缴该如何处理

例如，2018 年发生的费用，已做会计处理，但发票 2019 年才取得，汇算清缴时需调增所得额吗？正确解释如下，企业当年度实际发生的相关成本、费用，由于各种原因未能及时取得该成本、费用的有效凭证，企业在预缴季度企业所得税时，可暂按账面发生额进行核算；但在汇算清缴时，应补充提供该成本、费用的有效凭证。

222. 分公司独立核算与非独立核算的差别

分公司注册为独立核算单位或非独立核算单位的依据是什么呢？一般而言，分公司在当地有销售行为的，须登记为独立核算单位。分支机构在当地不从事经营活动，只负责联络、售后服务等业务，在当地不涉及增值税缴纳的，可登记为非独立核算单位。分公司如登记为独立核算单位，须对业务经营活动过程及成果做全面、系统的会计核算。

> ✏️ **会 计 闲 谈——会 计 人 生 存 三 态**
>
> 会计人生存三态：与税务斗智、与审计斗巧、与业务斗嘴。这是会计人的斗争哲学，未经此三斗的会计人远谈不上是一名优秀的会计。斗争的功夫要下在斗争之外。斗智要求做好税收筹划，力争有理、有利、有节；斗巧需搞好账务规划，核算做到形式完备，程序合理；斗嘴则要求健全内部控制，事事有章可循，有案可查。

第七章

个人所得税

　　1980 年，个税开征，月免征额为 800 元，那时人们月工资普遍几十元，没多少人会想到有朝一日自己要交个税。26 年后（2006 年），个税月免征额上调到了 1 600 元，此时个税已经是工薪族绕不开的话题。因为工资上涨的速度赶不上物价上涨的速度，仅仅两年后（2008 年），个税月免征额上调到了 2 000元。从这一年起，工薪族开始热议免征额何时能再次上调。三年后（2011 年），个税月免征额上调至 3 500 元，工薪族依旧喊低，因为房价上涨速度比工资上涨速度快得多。千呼万唤，2018年个税免征额又上调了，月免征额提高到了 5 000 元（年免征额60 000 元，个税每年需作汇算清缴），这个额度大众未必满意，为了"补偿"，顺带推出了个税专项附加扣除。

一、个人所得税的争议

223. 起征点与免征额的差别

　　你清楚纳税起征点与免征额的差别吗？起征点，指对征税对象开始征税的起点数额；免征额，指课税对象全部数额中免予征税的数额。起征点概念专用于货物与劳务税类的税种，如增值税；免征额概念专用于所得税类的税种，如个人所得税。二者的根本差别在于，起征点是对超过标准的全部应税收入征税，免征额仅对超过标准的部分应税收入征税。

224. 个税手续费返还是否要交税

个税手续费返还是否要交税呢？这个问题很多人都不太清楚。对于企业来说，收到个税手续费返还时需要确认为收入，会计处理上应记入"其他收益"，这部分收入应交增值税（有增值税就有附加税），形成利润须一并缴纳企业所得税。按相关规定，个税手续费返还可用于奖励经办薪酬事宜的财务人员或人力资源部工作人员，实际发放该奖励时不用缴纳个税。需要注意了，企业对这笔返还款应比照服务性收入核算增值税销项税。具体分录为：

借：银行存款
　贷：其他收益
　　　应交税费——应交增值税（销项税）

还有一点要说明，个税手续费返还不是由税务机关自发操作的，它需要企业主动向税务机关申请，企业不申请的，视同放弃。

225. 企业所得税与个人所得税的区别

企业所得税与个人所得税，名义上前者对法人所得征税，后者对个人所得征税。这二者的差异在于对所得的理解，企业所得＝收入－成本费用，个人所得＝（收入－社保公积金）－免征额。成本费用没有上限，这样说来，企业所得税是据实缴纳；免征额可视为个人的成本费用，但税务规定了上限，个税应算核定征收。

226. 股东个税后的分红额

对于一般企业（非小微企业和高新技术企业）而言，企业所得税税前利润要变成股东个人收入能到手多少呢？计算过程如下：先交 25% 的企业所得税，税后利润分红再交 20% 的个税，股东个人到手的钱就是企业所得税税前利润的 60%〔（100%-25%）-（100%-25%）×20%〕，相当于交了 40% 的税。个税的最高一档税率是 45%，相较而言，高收入股东比高收入打工者的税负要低一些。

227. 销售过程中赠送礼品不征个税的情形

企业在销售商品（产品）和提供服务过程中向个人赠送礼品，下面三种情形不征收个税。

（1）通过价格折扣、折让向个人销售商品（产品）和提供服务。

（2）向个人销售商品（产品）和提供服务的同时给予赠品，如通信企业对个人购手机赠话费，或购话费赠手机等。这里的赠送只是表象，如购手机赠话费活动，其实质是商家预收的款项应为手机销售与未来通信服务的收入合计，理论上，会计人员在做账时需将其按一定比例拆分为商品销售收入、通信服务收入。

（3）对累计消费达到一定额度的个人按消费积分反馈礼品。

228. 工会会费能否在个税前扣除

个人向本企业工会缴纳的工会会费能否在个税前扣除？明确回答，不能。个人缴纳的工会经费不属于个税前的可扣除项目，类似情况还有党员职工缴纳的党费、员工参加单位社团缴纳的会费等。换句话说，个人向工会缴纳的工会经费，党员向党支部缴纳的党费，会员向协会缴纳的会费，都应从个人税后工资中支出。

229. 股东借款要当心巨额个税

股东从企业借款，很可能要补交巨额个税。股东借款当年没有归还，且无法证明是用于生产经营的，税务会将之视作分红。不少企业的大股东个人资金、企业资金不分，企业或许无心逃税，但的确涉嫌违法违规。也有股东为了偷逃个税，将工资、奖金、分红等长期挂在其他应收款，这正是税务机关要"收拾"的重点。

230. 股东借款不会被认定为分红的情形

股东以借款名义长期占用企业资金的，在税务稽查时很可能会被认定为变相分红，股东需补缴个人所得税。但以下三种情况例外：

（1）企业账面持续亏损，根本无利可分的；

（2）在税务稽查之前，股东已将借款归还企业的；

（3）企业与股东签订了借款协议，并按照市场利率约定了借款利息，会计做账时对利息进行了计提的。

231. 微信红包涉及的纳税义务

如今微信红包（以下简称红包）被大众广泛使用，抢到红包的人总是高兴的，高兴之余，考虑过自己的纳税义务吗？理论上，微信红包属于礼品范围，抢得红包者应按"偶然所得"计算缴纳个人所得税，税率为 20%。

在实操层面，红包实在太过琐碎。取得红包后，由个人申报纳税实在勉为其难；由税务机关查实征缴，执法成本又实在太高。因此，微信红包纳税之事，当有经有权。

232. 微信红包纳税的相关要求

微信红包纳税的相关要求如下。

（1）企业向个人发放红包，企业要替红包领取人履行个税代扣代缴义务。这是企业必须履行的责任。

（2）亲戚朋友之间互相赠送的红包则网开一面，税务机关尚未强制要求纳税。

（3）企业因为经营的原因（如促销、企业宣传等）向企业外的个人发放的红包，可以作为企业的正常费用入账，该费用可在企业所得税税前扣除。

（4）企业为了活跃团队气氛给员工发放的红包（如春节红包），应作为职工福利费入账，一并计入员工薪酬计征个税。

233. 企业向个人借款应交哪些税

对个人而言，取得的利息收入应比照金融保险业缴纳增值税，征收率为 3%。另外，个人的利息收入按 20% 的比率缴纳个税。个人向税务机关申请代开"资金使用费"发票时需全额缴纳增值税、附加税，个税应由企业代扣代缴。对企业而言，利息支出不超过金融机构同期同类贷款利率计算的部分，准予在企业所得税税前扣除。

234. 董事、监事的报酬怎么算个税

大部分董事、监事属兼职，他们一般不在企业领工资，董事、监事报酬显然有别于工薪，计征个税则分两种情况进行处理：

（1）董事、监事属于内部人员的，如其在企业或企业的关联单位任职，报酬并入工资一并计征个税；

（2）董事、监事属于外部人员的，董事、监事报酬视同劳务报酬，单独计征个税。

235. 返聘退休人员如何交个税

企业返聘退休人员，发放的工资怎么缴纳个税？这得分两种情况处理：

（1）临时性返聘（六个月内），或顾问性质的返聘（不是全天候上班），企业支付给退休返聘人员的工资应按照劳务费代扣代缴个税；

（2）视为正式员工进行管理，返聘时限较长（六个月以上）的，企业支付给退休返聘人员的工资，在减除按《中华人民共和国个人所得税法》（以下简称《个人所得税法》）规定的费用扣除标准后，按"工资、薪金所得"应税项目代扣代缴个税。

236. 版税不是税

版税其实不是税。版税学名为版权使用费，是知识产权的原创人或版权持有人对其他使用其知识产权的个人或机构收取的报酬。使用人给创作者版权使用费时，一般会约定按收益的比率计算，这就使得版权使用费有了税的假象，久而久之，就叫上版税这个艺名了。实际上，创作者获得版税后缴纳的个税才叫税。

237. 赠送礼品可"汇总申报"个税

有些企业在办活动时会有抽奖或赠送礼品的环节，赠送礼品时或许无法获得被赠与人的身份证号码，这时企业该如何代扣代缴个税呢？不用着急，税务已经帮企业想到对策了。在现行自然人税收管理系统扣缴客户端中，偶然所得的申报增加了"汇总申报"的选项，即当企业向不特定的对象随机赠送礼品或发放红包时，可以汇总申报个人偶然所得的个人所得税，不需要填写姓名、身份证号码等信息。

二、个税征收模式的改革

238. 个税的计征方式

个税改革后的计征方式类似于企业所得税的计征方式，都是按月预缴，年度汇算清缴，多退少补。把个人所有的工资收入、劳动报酬合并到一块，统一纳税，这样的做法等于把个人视同为一个利润中心。未来通过月度间差额调节个税的做法没有意义了；年终奖单独计征个税的优惠政策取消后，调节年终奖金额，进行个税筹划的做法也就没有意义了。

个税征收理想的模式是充分考虑各个家庭的负担与开支情况，以家庭为单位进行征收。这样做一方面需要公民有较好的纳税意识，另一方面需要税务有较强的征管能力。新个税法下个税征收由按月或按次征收改为按年汇算清缴，这是非常大的进步。另外，设置专项附加扣除也可视作向以家庭为单位征收个税的一个过渡。

239. 个税征收改革的减税力度有多大

个税征收改革单从免征额提升的幅度来看，减税力度并不大。考虑到三档低税率（3%、10%和20%）级差的扩大，就会发现，中等收入的工薪族个税降幅较可观。加上专项附加扣除的影响，工薪族个税负担普遍会有所降低。也有相反的情形，四项劳动性所得（工资薪金、劳务报酬、稿酬和特许权使用费）实现综合征税，对那些有多元收入、多处收入的高收入人群来说，个税负担会不降反升。

240. 从代扣代缴到预扣预缴、汇算清缴

个税的纳税思维需要转变，要由原来的代扣代缴思维过渡到预扣预缴、汇算清缴思维。个税最终要按年计税，个税缴纳会和企业所得税缴纳趋同。平时各单位作为扣缴义务人只能针对纳税人的单月收入或单次收入预扣预缴个税，预缴的税额不是最终的应纳税额。因此，个税缴纳的最终合规主体是纳税人本人，而非单位。

241. 个税筹划模式要改变

个税实现按年计征，这会让我们以往使用的一些个税筹划手段失效。例如，工资在月度调节省税，工资与年终奖金合理分配省税。这些方法失效可以从正面理解为个税的征收更加客观、公允了，这也意味着个税筹划的难度加大了。对企业而言，有一个个税筹划的思维仍适用，实行了员工持股的企业可将员工的工资性收入转换为资本性收入。

三、隐藏在福利中的个税

242. 福利费不用交个税的三种情形

福利费不用交个税有以下三种情形：

（1）办公经营需要发生的福利费免征个税，如企业统一制作并要求员工统一着装发生的服装费、建筑工地发放的防暑降温用品；

（2）不能合理按人头计量的福利费免征个税，如单位年会时组织员工聚餐发生的餐费；

（3）某些特殊的福利费免征个税，如向困难员工发放的临时性生活困难补助。

243. 端午节的粽子涉及的税

单位买了一批粽子作为礼物，在端午节馈赠客户。每箱粽子价格 100 元，进项税额 13 元。会计人员在做账时要注意以下三点。

（1）进项税额不得认证抵扣。

（2）粽子送出后，应将价税计入业务招待费。

（3）按照赠与适用 20% 的税率代扣代缴个人所得税。具体计算为：

送出一箱粽子需交的个税 = [（100+13）÷（1-20%）] × 20%=28.25（元）

244. 通信补贴属于福利还是费用

企业给员工发放的通信补贴属于福利还是费用？依我看，通信补贴既具有福利的性质，又具有费用的性质。如果企业直接给员工发放现金，应视作福利处理。如果企业要求员工提供通信费发票，实报实销，这属于费用性质。还有一种中间情况，即企业明确员工的通信费报销标准，让员工凭票报销，税务可能会认为这是企业变相为员工发放福利。

245. 企业年金的个税处理

有些企业给员工上了企业年金。企业年金缴费由两部分构成，一部分由企业缴纳，另一部分由员工个人缴纳。企业年金的本质是一种非货币性福利。现在税务对企业年金有税收优惠政策，由企业缴纳的企业年金部分不需要并入员工薪酬计征个税，但由员工个人缴纳的企业年金部分不能在个税前扣除。

246. 商业健康保险的个税优惠

企业统一为员工购买符合规定的商业健康保险，其支出应计入员工个人工资薪酬，视同员工个人购买。计入个人薪酬就要交个税，但不要着急，税务对此有优惠政策。对个人购买商业健康保险产品的支出，允许在当年（月）计算应纳税所得额时税前扣除，扣除限额为 2 400 元 / 年（200 元 / 月）。因此，商业健康保险费只要每月不超过 200 元就不用交税。

247. 工作餐补助要交个税吗

员工工作餐补助要交个税吗？这要分情况处理，具体如下：

（1）企业有食堂，员工到食堂就餐，食堂发生的餐费不需要交个税；

（2）企业没有食堂，员工固定在某餐厅就餐，月底由企业与餐厅统一结算，结算的费用不需要并入员工工资薪金计征个税；

（3）企业没有食堂，给员工发放就餐补助，这部分补助应并入员工当月工资计征个税。

248. 误餐补助是否需要交个税

误餐补助需要交个税吗？不需要，但要符合误餐补助的定义。个人因公在城区、郊区工作，不能及时返回单位就餐，确实需在外就餐的，根据实际误餐顿数，按规定标准领取误餐补助。可见误餐补助是针对特定人、特定情景发生的。如果单位以误餐补助名义给员工发放福利，那么这部分费用应并入员工当月工资计征个税。

249. 年会抽奖如何交个税

企业年会的参加人员为员工和员工家属，如设有抽奖环节，奖品要交个税吗？明确回答，要。员工家属中奖，按偶然所得计征个税，税率20%。具体操作时要把奖品金额还原为税前金额，如中奖300元，需扣缴个税75［300÷（1-20%）×20%］元。如果员工中奖，按工资薪金所得交个税，具体操作是将奖品金额并入员工当月工资一并计征个税。

250. 员工福利不妨简易处置

企业给员工的福利，主要有两种表现形式：第一种为集体福利，如企业筹办免费食堂发生的福利费；第二种为个人福利，如企业为员工发放的节日补助。一般来说，集体福利不需要员工承担个税，个人福利（不论是货币形式，还是实物形式）则须并入员工薪酬，一并计征个税。通俗点说，能对应到具体人头上的福利费，需要交个税；对应不到的，不需要交个税。

员工福利本质上是企业的成本费用，但这种成本费用具有特殊性，它的发生不直接与生产经营相关。福利费但凡能够分割，明确归属个人的，一般不能在企业所得税税前扣除。

四、股权变更中的个税

251. 个人转让股权如何缴纳个税

先说上市公司，个人转让流通股赚钱了，国家暂免征收个税；转让限售股赚钱了，则要缴纳 20% 的个税。个人转让非上市公司股权赚钱了，按 20% 缴纳个税。个人转让新三板公司非原始股，特免征收个人所得税。

252. 直系亲属间股权转让的个税

例：父亲出资 100 万元取得了某互联网公司 30% 的股权，一年后父亲将此股权全部转给了儿子，作价 1 元。再一年后，儿子将此股权转给了朋友，作价 200 万元。请问两次转股是否需交个税，个税分别为多少？

分析：第一次转让属于直系亲属间的转让，可以零元转让不交税。第二次转让则需要交个税，按 30% 股权所对应的资产负债表上的净资产份额和转让价格 200 万元，两数中较高的减去股权原值 100 万元和相关费用，差额乘以 20% 缴税。注意：因为是直系亲属，所以股权成本按 100 万元来算，否则按照上次转让价格计算成本。

253. 所有者权益转增实收资本的个税问题

所有者权益转增实收资本，自然人股东需要交个税吗？回答如下：

（1）由股东出资溢价形成的资本公积转实收资本，无须交个税；

（2）其他途径形成的资本公积转实收资本，需要交个税；

（3）盈余公积转实收资本，需要交个税；

（4）未分配利润转实收资本，需要交个税。

从本质上讲，（2）（3）（4）是企业经营中形成的利润，（1）是股东自己的投入。

五、个税专项附加扣除

254. 个税专项扣除与个税专项附加扣除

个税专项扣除与个税专项附加扣除，这两个词虽然只差了"附加"两个字，但所指的内容却大有差别。个税专项扣除主要指"三险一金"的扣除。个税专项附加扣除是个新名词，是个税改革产生的新事物，它的扣除范围包括七项，分别是子女教育、继续教育、大病医疗、住房贷款利息、住房租金、赡养老人和婴幼儿照护。

255. 定额扣除与据实扣除

为了简化操作，不增加纳税人的负担，七项个税专项附加扣除中除了"大病医疗"采用的是据实扣除外，其他六项均采用定额扣除（"一刀切"）。凡是采用定额扣除的，不需要纳税人提供相应的票据作为佐证。也就是说，这六项专项附加扣除只要存在相应事实，就可以享受定额扣除。

256. 子女教育涵盖的范围

对于子女教育专项附加扣除，大家要注意"教育"一词，扣除的是教育支出，而非抚育支出。也就是说，奶粉钱、养孩子的支出是不算在内的。税务机关认可的子女教育从幼儿园开始，涵盖了子女的小学教育、初中教育、高中教育、大学教育以及硕士、博士教育。3 岁以下的幼儿教育以及胎教支出，不算在子女教育专项附加扣除之列。

自 2022 年 1 月 1 日起，纳税人照护 3 岁以下婴幼儿子女的相关支出，按照每个婴幼儿每月 1 000 元的标准定额扣除，父母可以选择由其中一方按扣除标准的 100% 扣除，也可以选择由双方分别按扣除标准的 50% 扣除。

257. 学历继续教育专项附加扣除

子女教育专项附加扣除与学历继续教育专项附加扣除，前者为父母扣除，后者为本人扣除，两者实操中有部分重叠之处。例如，本人上班后继续读学历，学费可以作为本人的学历继续教育专项附加扣除，也可以作为父母的子女教育专项附加扣除。但这两项专项附加扣除重叠部分对教育涵盖的范围是有差别的，子女教育包括了子女从三岁一直到博士毕业所有阶段的教育，学历继续教育仅仅包括本科以下的学历教育。

258. 对继续教育的理解

会计人员自费参加会计继续教育，学费能做个税专项附加扣除吗？答案是不能。很奇怪吧，个税专项附加扣除里的"继续教育"项，不包括上述类型。专项附加扣除所指的继续教育包括两种，学历继续教育和职业继续教育。职业继续教育的扣除主要针对考证而设定，只有取得职业证书的年度允许扣除 3 600 元。

259. 如何理解首套住房贷款

"住房贷款利息"专项附加扣除享受的前提是有购买住房的首套贷款利息支出。如何理解"首套贷款"呢？具体以银行的贷款记录为准。第一次买房并且贷款了，自然符合条件。曾经买过房，但没有贷款记录，现在再次买房且有贷款，也符合条件。曾经贷款买过一套房，现在将房卖了，再次贷款买房，则不符合条件。

260. 赡养老人包含的范围

个税专项附加扣除中赡养老人这一项中的"老人"是不包括岳父岳母、公公婆婆的。也就是说，妻子去世，女婿赡养岳父岳母的；丈夫去世，儿媳赡养公公婆婆的，赡养支出均不得纳入个税专项附加扣除。

261. 个税专项附加扣除如何进行税收筹划

个税专项附加扣除能进行税收筹划吗？可以。个税专项附加扣除的操作存在诸多可选择因素。可选择的地方，就是税收筹划的方向。举个例子，员工在职续本，学费既可作为本人的继续教育专项附加扣除，也可作为父母的子女教育专项附加扣除。如果该员工当年还拿到了会计师证书，他的学费完全可以让父母去扣除，本人能同时享受考证的继续教育专项附加扣除。

会计闲谈——哩语中蕴含的会计思维

* 鱼和熊掌不可兼得——机会成本

* 天上掉馅饼——营业外收入

* 搂草打兔子——其他业务收入

* 别为打翻的牛奶瓶哭泣——沉没成本

* 偷鸡不成蚀把米——投资损失

* 一个萝卜一个坑——配比原则

* 坚持最后五分钟——边际贡献

* 小心驶得万年船——谨慎性原则

* 喝凉水塞牙——营业外支出

第八章

税收筹划与税务稽查

　　企业在纳税操作上存在诸多可选择项，有的选择项可以前置筹划，有的选择项可以在经营中筹划。可以前置筹划的选择项包括企业在什么地方注册、以什么样的形式注册。可以前置筹划的选择项往往和地方政府的税收优惠政策相关联。税收筹划有时夹杂着企业的私利与设计者的小心思。形形色色的税收筹划图书与培训，教你的不过是税务知识，甚至仅仅是税务常识。很多会计人往往是因为税务常识欠缺而导致企业多交了税，却误以为通过税收筹划能解决。

一、对税收筹划的理解

262. 什么是税收筹划

什么是税收筹划，下面介绍一下我对税收筹划的理解。

（1）税收筹划的本质：合法避税。

（2）税收筹划理想的效果：节税或晚交税。

（3）税收筹划的手段：事先策划与安排，忌讳事后运作。

（4）税收筹划的底线：不得违法，税务只能通过反避税规制。

（5）税收筹划的诀窍：动手早些，再早些，越早越容易，越早越可行，越早越安全。

263. 为什么企业能够进行税收筹划

企业在纳税问题上存在可选择性，有了可选择性就有了税收筹划的空间。例如，企业最初注册就是有选择的，注册地可以选择，注册形式也可以选择。选择注册地，目的是把企业注册在有税收优惠的地方，这样的地方俗称"税收洼地"。在注册形式上，企业可以选择注册为有限责任公司，或者合伙企业，注册形式不同，纳税上就会有差别。另外，在规模上，企业也是可以选择的，企业可以选择做一般纳税人，或者做小规模纳税人，等到规模做大了，还可以分拆，永远保持小规模纳税人的身份。

企业签署合同时，合同条款如何设计在会计政策层面是可以选择的；对于一些关联交易事项，在定价上也是可以选择的。

既然存在如此多的可选择性，就让企业在税负上有了可调节的余地。

264. 税收筹划的空间大不大

税收筹划的空间大不大？请记住下面三句话：

（1）如果只是单一实体的企业，企业所得税筹划的空间就不大；

（2）如果企业的业务模式很单一，增值税的筹划空间就不大；

（3）如果企业把钱转到了个人的口袋里，个税的筹划空间就不大。

265. 税收筹划的精髓在于事先规划

税收筹划的精髓在于事先规划。例如，在合同阶段运作，可以妥善平衡不同税率的增值税；在部门构建、编制安排、资产配置时妥善安排，可以使研发费用在企业所得税税前加计扣除更顺遂。如果等到纳税义务发生了再做筹划，很多是在打逃税的擦边球。事先规划一旦后移，就会引发很多问题，不是需要倒过来改凭证，就是要不断地跟审计、税务做出解释，甚至有违法之嫌。

266. 税收筹划的诀窍

税收筹划的诀窍是：早些，再早些。税收筹划能在合同签订阶段明确的，就不要拖到账务处理阶段，如在合同签订时将货物与服务明确分开报价；能在机构设置时明确的，就不要拖到费用分配阶段，如研发部门设立与研发人员编制的确立；能在记账时明确的，就不要等到检查稽核阶段再做解释，如费用的明细与归属。

267. 税收筹划应重点关注的三个税

对大多数企业而言，税收筹划是在以下三个税上下功夫。

（1）企业所得税，最可表现，利润越可观，筹划空间越大。

（2）个税，合法的手段是借用年终奖（年终奖目前仍可单独计征个税），以及用足福利政策、高管与研发人员个税返还政策（部分地方有此优惠政策）；不合法的手段是以费用报销替代部分薪酬支付。

（3）增值税，理论上没有太大的筹划空间，但要做到尽可能索取专票，利用交付高低税率设计合同。

268. 缩税基、降税率、延税款

税收筹划有三个方向：缩税基、降税率、延税款。具体说明如下。

（1）缩税基。企业要用足各类政策，帮助计税金额瘦身。

（2）降税率。无论所得税还是流转税，都有操作空间，一是做到核算清晰，分开高低税率经济事项；二是搞清楚特定行业、特定区域、特定产品、特定经济事项的优惠政策。

（3）延税款。税收筹划未必能把应纳税额减下去，如若做到延迟纳税也不错。

269. 会计切莫做两种税收"筹划"

会计切莫做以下两种税收"筹划"：

（1）买发票（无论真假）平账或套现，偷逃企业所得税、个人所得税；

（2）做两套账，收到货款后不入账，不确认收入，偷逃流转税（增值税及附加税）、企业所得税、个人所得税。

这两类做法都是在以身试法。日常工作中，会计人员一定要守住底线，对这样的操作不谋划、不过问、不配合。

270. 经不住推敲的税收筹划

近年来，为了加强税收征管，国家出台了一系列政策，进一步织紧了税网。税网越织越密，企业在纳税方面能钻的空子自然越来越小。企业决不可盲目照搬他人税收筹划的方法，也不能轻信那些税收筹划诀窍、秘籍。有些看似精心设计的税收筹划方案，很可能是经不住推敲的。例如，将纳税义务后移，今天该交的税延到以后去交，这种做法无异于累积纳税风险；或者用形式去掩盖实质，说穿了，就是掩耳盗铃。其实，企业合规、诚信纳税才是最好的税收筹划。

271. 用好不同类型的税收优惠政策

税收优惠政策的本质是国家对企业经营行为的鼓励或保护。例如，国家鼓励创新，就有了针对研发费用加计扣除的税收优惠政策，有了针对高新技术企业的税收优惠政策；考虑到小微企业实力弱，抗风险能力差，就有了针对小微企业的税收优惠政策。至于地方政府出台的税收优惠政策，主要目的是吸引投资。常见的税收优惠政策有以下四种类型：

（1）针对企业规模的，如小微企业年利润 100 万元以下的，按 2.5% 的实际征收率征收企业所得税；

（2）针对特定行业的，如农业企业、农机企业享受的增值税优惠政策；

（3）针对特定地区的，如为自贸区、高新技术开发区设定的税收优惠政策；

（4）针对特定行为的，如出口退税、技术开发合同免税等。

二、企业所得税的合理筹划

272. 把握纳税问题的两个原则

一位小微企业的财务人员曾问我："我们公司今年有 200 万元的利润，如何才能少交税？"目前，税务对小微企业的税收优惠力度非常大，200 万元利润，仅需要交 7.5 万元企业所得税。

如果企业不分红，无须就利润交个税。这位财务人员表示，总经理希望税交得越少越好。总经理这样的想法极易误导财务人员。对财务人员而言，在纳税问题上应同时把握以下两个原则：

第一，合法合规纳税，勿踩红线；

第二，用足各类税收优惠政策，帮助企业减轻税负。

少交税是有前提的，企业负有纳税义务，绝不是税交得越少越好。

273. 集团型企业税收筹划的空间大

集团型企业，特别是子（分）公司区域分布跨度大的集团型企业，税收筹划的空间比较大，可以通过选择签约主体、关联交易、税收洼地等手段降低集团整体税负。而单一实体的企业因为选择余地小，税收筹划的空间十分有限。换句话说，越是有实力、有规模的企业，就越有税收筹划空间；企业越小，税负越难筹划。

274. 利用关联交易进行税收筹划是柄双刃剑

有些集团型企业习惯利用关联交易进行税收筹划，因为这一操作简便、交易成本低。但关联交易有一点让人反感，就是把本地区的税转移到其他地区或国外。尤其是跨国境的税收筹划，税务机关最敏感，一旦被税务机关认定跨国转移税款，企业基本上会遭到处罚。所以，企业在操作关联交易时，要有基本的合理性，产品定价的公允性不可不察。

275. 合同签订阶段如何进行税收筹划

合同签订阶段，企业可以在以下环节做好税收筹划工作。

（1）选择恰当的签约主体。对于多法人实体运营的集团，选择低税负主体与客户签约，综合考虑增值税税率与企业所得税负担。

（2）将合同额分拆。把商品销售与服务销售分开，分别适用不同的税率计算增值税。

（3）把预收款节点与开票、确认收入节点分开，尽可能让纳税义务后延。

276. 阴阳合同避税是歪路

某演艺人员曾被媒体曝光涉嫌签署阴阳合同避税。阴阳合同并不鲜见，较为常见的是房屋交易阴阳合同。签订阴阳合同的目的是避税，操作手法是就同一经济业务签署两份制式相同但金额不同的合同。金额高的合同为"阴"，不见光，用于执行；金额低的合同为"阳"，可公开，用于报税。阴阳合同避税是歪路，不可为之。

277. 审计人员差旅费的税收筹划

做年报审计，审计人员来企业会发生差旅费，差旅费需由企业承担。这是业内通常的做法。你想过里面的税收筹划吗？企业承担审计人员的差旅费需在业务招待费中核算，这些差旅费不能全额在企业所得税税前扣除。对此可以换一个思路，差旅费由会计师事务所承担，做大审计费（原定审计费加上差旅费）就能做到费用全额在企业所得税税前扣除了。

三、增值税的合理筹划

278. 增值税筹划要着眼于销项税

增值税的税收筹划一般不能解决进项不足的问题，筹划手段往往只能在销项税的层面进行。增值税筹划较为有效的办法是通过合同分拆，按高低税负的交付分别签订合同，或者通过多个主体分别签订合同承接业务，再或者通过企业分拆保持小规模纳税人身份。

279. 机器人取代人工作还可筹划增值税

用好 AI，让机器人替代人来工作，会是什么效果呢？预想如下：

（1）工作效率会极大提升，机器人不需要休息，可以 24 小时连轴运转；

（2）机器人不受情绪控制，不会出现疲态，出错概率较低；

（3）机器人没有情感诉求，管理难度小；

（4）机器人只有折旧成本，企业不需要为它缴纳五险一金，成本更低；

（5）机器人是设备，其购置的增值税进项税额可用于抵扣。

280. 将自产的手机发给员工该如何做账

如果企业将自产的手机发给员工当作生日礼物，该手机每部成本 500 元，出厂价 1 130 元（含税）。针对这种情况，会计该如何做分录呢？我估计 90% 的人都知道该视同销售，50% 的人能写出中规中矩的分录，20% 的人知道如何做不用交个税（手机给员工用，所有权归公司），10% 的人知道如何不冤枉交增值税和个税（将未上市的新型手机以研发测试机的名义给员工使用）。会计工作有诸多趣味，就看你是否愿意琢磨了。

281. 兼营，最后向合同要形式

对于兼营行为，如果不能把低税率交付与高税率交付截然分开，税务机关将从高征税。为了筹划税收，有些会计人员会参与合同的编写，在一份合同中约定两类交付的定价与总价款。这类做法很普遍，会计想节税，税务要解释，最后都向合同要形式。

282. 动产租赁的税收筹划

动产租赁的两个概念：湿租与干租。湿租指连人带动产一起租，如租车时顺带请位司机。干租是只租动产。严格来讲，干租才是真正意义的动产租赁，湿租也可看作出租方向承租方提供服务。动产租赁的税率是 13%，提供服务的税率是 6%、9%。这就可以做税收筹划了，干租自然要签订租赁合同，湿租不妨签订服务合同。

283. 小微企业不要急于转为增值税一般纳税人

一般纳税人并不是荣誉头衔，而是沉甸甸的责任。制造业小规模纳税人增值税征收率为 3%，一般纳税人增值税税率为 13%，税率相比征收率直线上升了 10%。再来说抵扣，如果可取得的进项税票足够多，转增值税一般纳税人可行，否则很可能当"冤大头"。而且一旦转成功，就很难再改回去了。

284. 商业折扣与现金折扣的税负对比

商业折扣与现金折扣的税负存在差异。例如，某商品价税合

计 113 万元，促销时可做 9 折商业折扣，亦可做 9 折现金折扣。采用商业折扣时，收入 90 万元，销项税额 11.70 万元；采用现金折扣时，收入 100 万元，销项税额 13 万元，折扣 11.30 万元可计入财务费用。这么算下来，采用现金折扣比采用商业折扣可少交企业所得税 0.36 万元，多交增值税 1.30 万元，多交附加税 0.16 万元。具体如表 8-1 所示。

表 8-1　商业折扣与现金折扣的税负对比

单位：万元

项目	商业折扣	现金折扣	税负对比
合同额	113.00	113.00	
折扣后	101.70	113.00	
收入	90.00	100.00	
增值税销项税额	11.70	13.00	−1.30
附加税	1.40	1.56	−0.16
财务费用	0	11.30	
利润	88.6	87.14	
企业所得税	22.15	21.79	0.36

四、个税的合理筹划

285. 个税筹划的空间大吗

个税能不能筹划？对工薪阶层来说，可筹划的空间不大。个税法修订后，个税按年征收，以往月度间调节薪酬节税的模式将失效。对创业者来说，个税可筹划的空间较大。例如，寻找"税收洼地"注册合伙制企业或工作室。合伙制企业只涉及个税，不涉及企业所得税，一些地方会出台个税优惠政策。工作室有可能是核定征税，税负相对较低。

286. 年终奖的个税处理

年终奖单独计征个税渐成尾音，2023 年底前的年终奖仍可单独计征个税，或许不久的将来，年终奖就要并入当年综合所得一并计算缴纳个税了。2023 年底前的年终奖单独计征个税，是可选项，而非必选项，年终奖要不要单独计征个税，或留出多大比例单独计征个税，具体有三种选择：

第一，年终奖全部纳入综合所得，不单独计征个税，收入显著偏低的纳税人可采用；

第二，年终奖全部单独计征个税，工资收入较高者可选择；

第三，年终奖中部分金额单独计征个税，部分金额纳入综合所得计征个税。

287. 员工学历教育学费的税收筹划

员工在职读研、读博、读 MBA 及读 EMBA 的学费属于学历教育，不能作为职工教育经费报销。这些学费报销后须并入员工当月工资计征个税，且不得在企业所得税税前扣除。对此企业不妨变通处理，如设置学习奖励，奖励金额和学费一样即可。奖励金额虽然仍要交个税，但可以在企业所得税税前扣除。

288. 股东分红好还是涨薪好

个税税率上限定为 45%，股东分红好还是涨薪好？让我们算算吧，股东在企业任职，他可以用领取薪酬的方式拿钱，也可以用分红的方式拿钱。假定股东工资够高，若想多拿 10 000 元，企业需付 18 182［10 000÷（1-45%）］元。若股东通过分红方式获得这 10 000 元，企业需付 12 500［10 000÷（1-20%）］元，另需多交 4 546（18 182×25%）元企业所得税，合计支付 17 046 元。可见，当股东工资已足够高时，分红比涨薪合适，如果是高新技术企业或享受企业所得税优惠的小微企业，优势就更加明显了。

289. 注册小微企业筹划个税

利用小微企业筹划个税是个新思路。对于高收入人群，特别是自由职业者，不妨注册有限责任公司，以公司名义签订劳务合同，把个人劳务所得作为公司服务收入入账。以 100 万元收入为例，不考虑成本费用，形成的利润只需缴纳 5 万元企业所得税，税后利润为 95 万元。这 95 万元再分红给个人，只需缴纳 19 万元个税，个人最后可实得 76 万元。

五、税务稽查

290. 会计到底怕税务什么

会计到底怕税务什么？一怕处罚权，企业有猫腻，会计人员会心虚，总担心被税务盯上。二怕自由裁量权，遇到纳税争议，担心税务的解释对自己不利；摊上了税务处罚，害怕处罚的结果偏重。三怕日后的监督权，有些会计人员不敢与税务争一日之长短，因为日后还需继续接受税务的监督。

291. 如何应对税务稽查的结果

如何应对税务稽查的结果，建议借鉴孔子教学生怎样对待父母责罚的态度：小杖受，大杖走。对于税务指出的小问题、提出的小惩罚，不要争辩，要用良好的态度虚心接受。这么做无关原则，而是一种策略。对于税务指出的重大问题，如果有争议则不能一味迁就，要做出有理、有利、有节的分辩，争取对企业最有利的结果。

292. 企业为什么会被税务查

企业为什么会被税务查？原因主要有以下三个：

（1）被人举报，主要是被内部人举报，特别是被财务人员或销售人员举报，还有被竞争对手举报；

（2）被税务盯上，主要原因是企业税负率显著偏低、不合常理；

（3）随机抽查被选中，但这种被查的可能性较低。

税务稽查对企业而言祸兮福兮。企业要严格遵守税法与财经政策，随时做好迎接税务稽查的准备。经过了税务稽查之后，企业的会计人员会多一层历练，对税收筹划会拿捏得更准确。更为重要的是，企业负责人从此知道了税务稽查是严格的，知道做会计不易，自然会对会计工作多一分理解与认可。

293. "轻税负、严稽查"要同时抓

经济下行之际，税制改革建议"轻税负、严稽查"同时抓。一方面要给企业减税，减轻企业负担，扩大盈利空间，帮助企业渡过难关；另一方面要加强税收稽查，打击偷税行为，这既是为保财政收入，也是为还市场竞争以公平。轻税负与严稽查应是税制改革的一体两面，二者不是对立的，目的都是促进企业健康发展。

294. 补缴的企业所得税该如何做账

企业接受税务稽查，补缴的企业所得税该如何进行账务处理呢？将之记入"营业外支出"是错误的，这么处理等于减少了本年的企业所得税应纳税所得额。正确的做法是通过"以前年度损益调整"科目来处理，分录为"借：以前年度损益调整，贷：应交税费——应交所得税"；"借：利润分配——未分配利润，贷：以前年度损益调整"。

295. 如何看待"不要发票送饮料"

你到饭店吃饭碰到过"不要发票送饮料"的情况吗？从会计的角度看，这属于收入不入账，私设小金库或公私资金不分。从税务的角度看，饭店收到现金后没有确认收入，会少交增值税、附加税和企业所得税，饭店送你的饮料就是"偷"的税款的一部分。从内控的角度看，还有可能出现收银人员与点餐人员合谋舞弊的情况。

296. 税务如何确认增值税

税务是如何确认增值税的呢？一般情况下，如果开发票了，无论会计是否确认收入，都要计算销项税，这是认形式；如果会计已确认收入，无论是否开票，都要计算销项税，这是看实质。企业如果抖机灵，收到货款后既不确认收入，也不开票，且无正当理由，同样要计算销项税。

297. 销售收入不入账逃了哪些税

销售收入不入账，货款存私户，会偷逃哪些税？首先，少交了增值税，又必然会少交附加税；其次，会少交企业所得税，收入不入账，等于少计了利润；再次，会少交个人所得税，原本属于企业的钱直接装进了个人的腰包，等于省去了分红交个税的环节。现在，税务开始有意识地监控股东与企业法定代表人的银行私户了。

298. 私费公报存在税务风险

企业负责人私费公报存在税务风险吗？企业负责人报销的私费如果与企业经营管理无关，会计人员进行账务处理时应将之记入"营业外支出"。私费公报现象在民企比较普遍，这种做法存在较大的税务风险。税务稽查发现私费公报往往会要求企业补交两项税：

（1）私费不得在企业所得税税前扣除，补交 25% 的企业所得税；

（2）报销的私费视同分红，补交 20% 的个税。

299. 何为虚开发票

虚开发票分两类："真的假发票"和"假的真发票"。"真的假发票"是指故意开出未经税务机关认证的发票。"假的真发票"是指没有业务故意开出税务机关认证的发票。虚开发票报账自然是为了套取费用，在税收上的后果是偷逃企业所得税、偷逃个人所得税。如果虚开的发票进项税用于抵扣了，还会偷逃增值税以及附加税。

300. 公司注销了，股东仍可能被追缴欠税

税务机关如有证据证明公司股东滥用公司法人地位和股东有

限责任逃避纳税，即便公司注销了，税务机关仍能向股东追缴偷税欠税，并按日加收万分之五的滞纳金，具体由人民法院判定后执行追缴。也就是说，税务机关只要发现公司逃避纳税义务，纵然公司法人资格已经消灭，其仍有权要求股东承担连带责任，补交欠税及罚款。

会计闲谈——会计人的写照

　　会计者，操簿记之业。埋首分录之中，奔波税局之外。因预算与人纷争，缘固执遭人诟病。晨起昏省，一分一毫，务必账实相符；月抽年盘，半丝半缕，岂容差厘钱款。纠结其中，为税费揪心；刚毅其间，因发票生愁。日账周报，送走无数韶华；月结年决，平添几许白发。然则何时而乐焉，与税务斗智，与审计斗巧。

第三篇
财务管理

　　由财务会计向管理会计转型是一个热门话题，而如何向管理会计转型，是这个话题中的关键。管理会计是什么？其内核就是财务管理。随着人工智能的发展，财务工作内容从会计核算过渡到财务管理，这是大多数会计人都要经历的转型。这种转型既是工作方式的转变，也是思维习惯的转变。这种转变的目的很明确，即把财务思维融入业务当中，让财务工作走出事后的窠臼，在事前和事中起到参谋、控制、协调、预警的作用。如果能成功转型，会计人的价值将得到极大的提升。

第九章

经营管理与财务管理

"企业管理以财务管理为中心，财务管理以资金管理为中心，资金管理以现金流量管理为中心。"这句话有多少企业能理解呢？财务管理的目的是追求企业价值最大化，但这一目的只能停留在教科书上，因为不便于企业落地实操。净利润回现率（经营活动净现金流量 ÷ 净利润）堪比企业会计报表的"颜值"。判断企业的价值，可重点观察三点：

（1）稳健的资产结构，要先确保家底厚实；

（2）可持续的收入、利润增长，发展是硬道理；

（3）强劲的现金流，现金为王，做到净利润有经营活动的净现金流量作支撑。

在这三点中，我们要留心前面的定语，稳健、可持续、强劲。

一、经营管理之道

301. 企业的良性发展之路

企业的良性发展之路是：高研发投入、高产品品质、高价格。难就难在高研发投入，因为很少有企业愿意做没有眼前利益且前景不确定的事。于是企业运营的歪路成了多数老板的选择。抄袭、低质量、低价格，一环套一环，因既是果，果也是因。走歪路的企业近些年又添了一个新毛病——吹牛，于是又有了假冒伪劣之弊。

302. 企业的极限生存能力

企业没有极限生存能力，最后可能会倒在某个突发事件上。所谓极限生存能力，就是指企业在极端环境下仍能生存下去。要做到这点，企业需要有过硬的产品、极低的成本、极高的效率，还要有可保障企业应对危机的现金储备。企业产品品质不行，市场从蓝海走向红海时必定会被淘汰。企业产品成本偏高，就经不起价格战的冲击。企业运作效率低下，势必不能快速响应市场。企业没有一定的现金储备，碰到宏观政策调整、自然条件恶化、市场转型，就无法渡过难关。企业要想练就极限生存能力，一靠平时经营管理上持续努力，二靠企业领导人的远见卓识。

303. 企业运营，轻资产还是重资产

企业轻资产运营好，还是重资产运营好？从收益率角度看，重资产运营一般优于轻资产运营。但这一结论有个前提，重资产的产能须得到充分利用。企业资金实力弱时，只能轻资产运营。有钱了，是否转型为重资产运营，要看企业对市场的理解与自身的竞争地位。如果没有争做市场龙头的决心，轻资产运营会让船小好掉头。

304. 轻资产运营是一种流行趋势

企业轻资产运营是一种流行趋势，这样做一方面可以减少企

业短期内的资金占用，另一方面可以降低企业管理的难度。例如，做产品的企业致力于前端研发与设计，将生产外包。这种模式下，企业无须投入资金建厂房、购设备、养工人，极大提高了资金的周转效率。再例如，企业班车如果不租赁，而是自己购置，除了需要招聘司机，还存在车辆维护、交通事故处理、突发情况处理等问题。因此，把本企业不擅长的事情交给专业机构去做，往往是最经济的办法。

305. 盈利模式不走寻常路

盈利模式的会计解读是，企业的主营业务收入是什么，利润来源是什么。现实中，许多行业或企业的盈利模式与主营业务收入并不完全匹配。例如，商场的盈利模式本应是买卖商品的价差，主营业务收入是销售商品实现的收入。而实际情况是有些商场通过压供应商货款做金融理财来盈利。盈利模式与主营业务收入脱钩，对企业财务最大的冲击是毛利率变得毫无意义了。

306. 企业盈利能力的杠杆效应

除现金外，其他资产的公允价值差不多都和企业盈利能力捆绑在一起。企业盈利能力好时，无论存货、固定资产、无形资产，估值都会高些。一旦企业盈利能力下降，资产立刻变垃圾也不是新奇事。所以，企业要特别警惕几类资产投入：（1）盖厂房；（2）买设备；（3）租场地；（4）囤材料。重资产运营的笨拙足可让企业在碰到危险时没有转圜的余地。

307. 产品成本对价格的影响

产品成本几乎不能对市场竞争形成影响。为什么这么说？从大前提看，商品贸易成交价是市场血拼后的集合竞价，与单一企业产品成本高低基本无关。成本低，卖了高价说明产品附加值高；成本高，卖了低价说明产品没有竞争优势。企业继续固守成本加成定价是危险的，未来产品生产的趋势可能是小批量、个性化、定制化、差异化、特色化，这样的产品才能卖出好价钱。

企业在什么情况下能打价格战呢？前提如下：

（1）有底气打败竞争对手，牺牲当下利益，换取未来市场地位；

（2）跑马圈地，拼下客户后，未来能形成二次销售。

舍此两点，打价格战都是害人害己的不理性行为。在完全竞争的市场，很少存在能凭借价格战形成垄断地位的企业，也不存在靠价格战能成就辉煌的企业。

308. 规模与成本的辩证

规模经济在会计上的解释是生产量越大，单位产品分担的人工成本、制造费用就越少，产品成本就越低。在卖方市场，规模生产是制造型企业竞争获胜的不二法宝，市场曾经演绎过无数大鱼吃小鱼的神话。改革开放几十年后，市场竞争意识倘若还停留在规模经济阶段，这就危险了。与规模经济相伴的是沉没成本，贪多求大搞不好会万劫不复。

309. 高科技制造业的两个竞争点

制造业，尤其是高科技制造业，有两点最重要：一是技术优势，二是成本优势。技术优势靠研发累积，成本优势靠管理体现。高科技制造业不同于传统制造业，不能有一劳永逸的思想，它需要与时俱进、不断创新，唯有惶者才能立于不败之地。高科技制造业有技术壁垒，进入门槛高，这是先入者的优势，但优势也可能变成不利因素。企业如果懈怠了，技术创新未能跟上，先入者可能会一败涂地，再无翻本机会。

310. 重新定义"两头在外"

未来一流企业会进化成什么样子呢？

首先，不再面向客户直销，让一部分利给代理商，庞大的销售队伍不复存在。

其次，生产外包给代工工厂，不再需要采购、仓储以及产业工人。

企业要做的是调研客户体验，研发新产品与新功能，通过持续创新维持高额利润，不断用时尚的产品抓住客户。也就是说，难的、乱的业务，企业都可外包出去。

311. 业务领导应是半个财务专家

华为公司要求经营干部是半个财务专家。半个财务专家可不是半吊子的专家，对此如何理解呢？

一是在财务知识掌握上，不求精细，泛泛理解即可。

二是侧重于理解财务管理方面的知识，无须纠结于具体会计处理。

三是对会计知识懂得解码，无须会编码。

我在华为公司听过业务领导讲的会计课，非常精彩，其对会计的理解比大多数会计人还要透彻。

二、企业亏损的原因与对策

312. 企业财务状况恶化的特征

企业财务状况恶化具有以下五点特征：

（1）产品卖不动，使劲搞促销，销售费用上升，利润减少；

（2）存货积压，降价甩货，同时放宽信用政策，毛利率下降，应收账款大幅增加；

（3）企业开始亏损，现金流入不足，四处借款，财务费用增加；

（4）企业未能成功转型，也没能迎来市场的春天，开始减员增效；

（5）银行逼债，无奈转让重组。

创办企业大体的经过都是利润越来越薄，再加上不敢创新，追兵则越来越多，最后只能在红海里挣扎了。血拼的结果是绝大多数企业会活不下去，只有那些注重管理、关注成本，不断创新和改进产品质量的企业能笑到最后。当然也有一些企业领导者眼光独到，能找到一片蓝海，但这只有少数幸运儿能做到，而且蓝海不会永远存在。

313. 企业发展的周期律

企业扩张之初，经营者往往痴迷于规模，会忽略效率。首先是不断招人，人招来后有没有达到以往的人均产值，一开始并没有人在意。成本费用支出也是如此，等额的成本费用能否创造出以前那样多的利润，也没人在意。等到企业扩张受阻，经营者才会回头检讨效率低下的问题，扩张、低效、受阻、挖潜、再扩张……这大概是企业发展的周期律。

据统计，企业平均寿命不到五年。实际上绝大多数企业并非是因为一开始不赚钱而垮掉的。如果企业不赚钱，一般活不过两年。垮掉的企业绝大多数原本是赚钱的，它们是在赚钱后才垮掉的。具体经过无外乎赚钱后想赚更多的钱，于是盲目扩张，扩张后因为管理不善、市场变局等，企业应付不了，最后喜剧演成了悲剧。

314. 机会窗与内部挖潜

有些企业在高速增长期不太在意管理效率与成本费用，它们奋力往前冲，撕开口子，想抓住机会得到更多。一旦过了野蛮增长期，它们就会从内部挖掘潜力，提高运作效率、降低成本费用、提高人均产出，这些都会提上管理日程。

315. 降成本与稳现金流

市场大洗牌后，能顽强生存下来的企业一般都具备三个特征：

第一，企业有高品质的产品，有成熟的盈利模式；

第二，企业有低成本、高效率的运营模式；

第三，企业有应对极限场景的资金储备。

降成本与稳现金流是企业最应关注的两件事，因为这两件事关乎企业生死。危机之下，现金为王；危机之后，"剩者"为王。"剩者"就是胜者。企业要成为"剩者"，活下去是关键。如同下围棋，气多一口，满盘皆活。面对激烈的市场竞争，企业间就是在比"气"，要想"气"长，应千方百计把钱省下来。

316. 为错误的投资决策买单

某能源企业财务总监曾表示，过去十年是煤矿企业的黄金十年，该企业每年利润几个亿。有钱了，企业相继并购了一些新矿，结果赶上了经济疲软，并购的新矿成了包袱。他感慨，如果前几年不买这些矿，企业现在要好过得多，要是把当时买矿的钱留下来，现在买矿，对价会小得多。这个例子告诉我们，一旦决策错了，后面要一再为这个错误买单。

317. 企业如何扭亏

企业如何扭亏，首先应判断这个企业有没有扭亏的必要。如果企业前景黯淡，无论怎么改进都不能实现盈利，这类企业不妨直接做清算处理。如果企业能通过卸除包袱、改进管理扭亏，那就应该尽快止血止损，如变卖劣质资产、淘汰落后产能以及裁减冗员等。企业止血止损的过程要果断、干脆，心可以善，但刀要快。

318. 裁员是柄双刃剑

如果经济持续下行，企业裁员会是一种普遍现象，这实在是一种多输的结果。裁员几乎都是企业不得已而为之，是企业最后的降本增效手段。裁员是柄双刃剑，它的效果很明显，但后果也很明显。裁员会打击士气，也会让企业的形象受损。在外人的眼里，大范围裁员基本上是企业陷入困境，或走下坡路的自我宣言。

319. 如何处置资产脱困

当企业经营不善，资金链吃紧，打算卖掉一项资产自救时，是卖掉盈利的资产，还是卖掉亏损的资产呢？很多人会凭直觉回答："当然要处理掉亏损的资产。"决策要真这么做就麻烦了！试想亏损的资产谁会要呢，谁能出高价要呢？企业要想翻身，还不如痛快地切一块"好肉"卖了，免得受"腐肉"拖累，"好肉"也变成"腐肉"了。

320. 创业企业能容忍亏损多久

如果由个人出资创办企业，可以接受多长时间内企业不盈利呢？回答这个问题前，我们先要做一个假设，企业后续有无新股东注入资金。如果有，时间上限是把新旧出资的钱折腾光为止。如果没有，看原始出资人有无意愿继续增资，否则时间上限就是把现有出资及借款折腾光为止。对于传统行业的创业者而言，容忍企业亏损的心理时限一般是六个月，我们观察一下街边的小饭馆、理发店就会明白了，通常六个月会换一茬新的店，创业者们到时间会主动关店止损。对于高新技术企业的创业者而言，他们对企业亏损的包容期限较长，一般可长达三年，如果不是资金链断裂被迫关门，甚至可以更长。

三、管理会计的本质

321. 财务管理在企业管理中的地位

将财务管理作为企业管理的核心，一是基于企业经营的目的——盈利；二是顾及企业的能力——资源有限。可以说，财务管理是企业管理的总纲，其他线条的管理都辅助于财务管理。

以科研为核心、以市场为核心、以生产为核心，践行这些理念的企业都能自说自话。仔细分析不难证伪，以科研为核心是把企业当成了研究所，以生产为核心是把企业当成了车间，以市场为核心无异于把企业当成了销售部。如果以市场、研发、生产等作为管理核心，管理者可能会做出背离企业目的、罔顾企业能力的决策。例如，为了研发技术领先，不计成本投入。

322. 正确理解财务管理是企业管理的核心

我们要正确理解企业管理以财务管理为核心，主要涉及以下几点：

（1）以财务管理为核心绝非以财务部的工作为中心，财务人员别以此托大；

（2）以财务管理为核心不是指在企业里财务工作最为重要，研发、生产、销售都要低一头；

（3）经营活动应以追求企业价值最大化为目标；

（4）企业经营决策是否可行，衡量标准应从财务角度着眼，看投入产出是否值当。

323. 财务管理的目标

财务管理的目标是追求企业价值最大化，体现在会计报表上可归结为三句话：

（1）可持续的增长和盈利；

（2）强劲的净现金流量；

（3）健康的资产结构。

这三句话本不高深，精妙之处在前面的定语，后面的名词分别体现在利润表、现金流量表、资产负债表之中。这三项也被称为财务金三角，能同时做到这三项的企业是健康的企业。企业财务管理应时刻围绕财务管理的目标展开，具体如图 9-1 所示。

图 9-1　财务管理的目标

324. 财务人员能否为企业创造价值

在会计界有两种观点：第一种观点，财务人员能直接为企业创造价值；第二种观点，财务人员不能直接为企业创造价值，但可以通过帮助业务改进间接为企业创造价值。

怎样评判这两种观点呢？关键在于如何理解"创造"二字。"创造"属于无中生有，"创造价值"等于是在新的领域或市场找到财路，找"路"的过程带有拓荒的性质。对照这个标准来衡量，财务人员直接为企业创造价值的可能性很小。

有些人曲解了财务人员为企业创造价值的本意，或许财务人员能够通过资金调配、税收筹划等手段为企业增收或减负，但这样的做法并非直接创造价值，因为这本就是财务人员应该做好的工作。以税收筹划为例，税收筹划是"无中生有"吗？显然不是。之前企业原本可以节省的税，就因为财务人员工作能力不足，不理解税收政策，所以没能把税省下来，现在财务人员掌握了税收筹划方法，终于把税省下来了，这不过是"弥补前过"，肯定不能算是"无中生有"。财务工作属于支撑型工作，它的价值应该通过业务拓展间接体现。做个总结，财务人员也许不直接为企业创造价值，但可以避免企业价值流失。

325. 华为公司的财务管理哲学

我所理解的华为公司的财务管理哲学为：

（1）现金为王，现金是企业的血液；

（2）收入是利润的发动机，可持续的收入增长是关键；

（3）一个合格的 CFO 随时可接替 CEO；

（4）不深入业务，财务人员提供的服务只能是浅层次的；

（5）预测是管理之魂，预测的准确性是检验财务工作的标尺；

（6）企业管理以财务管理为核心，财务管理以资金管理为核心。

326. 财务标准化是提高财务工作效率的有效途径

集团公司要提高财务工作效率，统一要求、统一标准是必需的环节，力求让所有子公司的工作交付用一样的模板输出。别小看这一点，它会极大节省总部财务与子公司财务的沟通成本，也容易让集团的财务管控要求落地。在推进财务工作标准化时，华为公司曾提出"四统一"标准：科目统一、编码统一、制度统一、流程统一。

327. 财务决策的功夫尽在决策之外

财务决策的功夫尽在决策之外。没有对所决策事项深入的了解和思考，做出正确的决策是很困难的。这要求会计人在做决策时，一方面要尽可能占有充分的信息；另一方面要多听取正反两方面的意见，综合比较权衡后，再根据行业惯例和企业实际得出结论。唯有融入业务，财务才有权威。

328. 单位负责人要对会计信息的真实性负责

形式上会计信息的生产者是会计人员，因为会计信息是由其亲手加工的。依据委托代理理论，会计人员和企业控制者构成委托代理关系。企业控制者是委托人，会计人员是受托人。会计人员秉承企业控制者的意旨，为企业生产会计信息。企业控制者才是实质上的会计信息生产者。

四、业财融合与向管理会计转型

329. 卖鸡的管理会计思维

某人花 8 元买了只鸡，9 元卖出去。鸡价还在涨，他又以 10 元的价格把鸡买回来，以 11 元的价格卖出去。这笔生意他赚了多少钱？这道小学算术题能测试出你是财务会计思维还是管理会计思维。财务会计思维的答案自然是 2 [（9-8）+（11-10）] 元，计算方式很简单；管理会计思维的答案则是亏损 1 元，能盈利 3（11-8）元的生意，只赚了 2 元，等于间接亏损了 1 元。

330. 向管理会计转型的两个层面

管理会计现在成了热门话题。财务人员要向管理会计转型，这已经成了"常识性"口号。究竟什么是管理会计、管理会计到底做什么、怎么样才能向管理会计转型，这三个问题无论是理论界还是实务界，都没有做出很好的解答。管理会计是相对财务会计而言的，二者的工作重心不同，工作方法不同，秉持的理念也不同。不过有一点是确定的，要做好管理会计，财务人员必须懂业务，必须做到业财融合。

财务会计向管理会计转型，到底转什么呢？我认为应该实现以下两个转型：

（1）工作内容的转型，财务会计工作偏重于核算，管理会计工作偏重于管理；

（2）思维方式的转型，要把以往做财务会计的思维方式转变到做管理会计的思维方式上来。

331. 财务会计思维与管理会计思维的区别

财务会计的思维方式大概有以下四点：

（1）事后确定的思维，事情发生了，财务会计才会记录，没有发生的事，不在财务会计的工作记录范围内；

（2）按照规则处理的思维，财务会计工作要根据会计准则、会计制度去处理，难以发挥所谓的主观能动性；

（3）核算精确的思维，财务会计讲究有板有眼，一分钱不对，账就不平、不准确，做账要求分文不错；

（4）历史成本思维，企业实际发生的成本费用，需要一笔一笔做进账里，至于隐性成本和机会成本，财务会计不予考虑。

管理会计的思维方式主要包括以下五点：

（1）跳出会计看会计，站在业务的角度看会计；

（2）关注经济利润，而不仅仅关注于账面的会计利润；

（3）着眼于事前的控制，而不是一味专注于事后的分析；

（4）立足于解决问题，解决问题的方法越简单越好，成本越低越好；

（5）要有闭环思维。

332. 财务 BP 与财务数字化

现在财务 BP 与财务数字化两个词火爆会计圈，看似难懂，实则新词如新瓶，装的还是老酒。财务 BP 说的是财务要融入业务，要为业务服务，要把这一服务职能岗位化。财务数字化这个词听着就让人费解，财务本来就是用数字说话啊，不数字化那还叫财务吗？此数字非彼数字，财务数字化或许叫财务信息化更合适，它说的是财务记录、财务流程、财务输出都要实现信息化，财务工作要和 IT 技术全方位融合。只是财务信息化这个词已经用过了，提到它，大家会想到财务软件，所以没办法，只能用财务数字化这个新词代替了。

333. 如何评判财务是否懂业务

任正非曾表示，财务如果不懂业务，只能提供低价值的会计服务。这句话说出了财务人员懂业务的重要性。什么叫懂业务，有什么评判标准呢？我认为财务人员应做到以下五点：

（1）具有足够的数据敏感性；

（2）了解数据背后可能的业务原因；

（3）了解操纵财务数据的业务手段；

（4）知晓数据可能引发的风险；

（5）能提出具有针对性的解决方案。

334. 财务与业务的关系

财务与业务的关系可以从两方面来看：

（1）监督业务，对业务成果的真实性进行审核、记录；

（2）服务业务，为业务协调资源，为业务决策提供支持。

站在财务的角度，监督业务容易，教科书上有现成的方法。服务业务很难，一是财务放不下架子，习惯充当监督者；二是不了解业务，不知道从何入手，甚至害怕服务与监督相冲突。

335. 如何理解"业财融合"

"业财融合"即财务与业务融合。站在企业管理的角度，该如何理解"业财融合"呢？很多人有意无意地把它理解成了"财务向业务融合"，他们认为"业财融合"是财务需要对业务尽的义务。财务与业务融合、财务向业务融合，一字之变，意蕴相差万里。

业财融合绝不是单向的，它是双向的融合，财务要靠近业务，业务也要靠近财务。业财融合应该是企业管理理念的融合。如果只把融合的要求压在财务部门或财务人员头上，实际上并不能真正起作用。这就好比谈恋爱，男生追女生是单向的，要是女生对男生的陈情没有回应，这场恋爱是谈不起来的。企业只有同时对业务与财务提"融合"要求，让彼此靠近、相互学习，实现业财互信，业财才有可能真正融合。

336. 财务会计与管理会计，谁要融入业务

财务人员要融入业务，这里的财务人员都包括哪些呢？我们先要对财务人员做个分类。财务人员可分为两类，第一类是以从事会计核算为主的财务会计人员，第二类是参与企业经营管理的管理会计人员。搞清楚这个分类后，我们就能明白需要融入业务的实际是管理会计人员，传统的财务会计人员并没有太大必要融入业务。

337. 华为公司对财务人员的"五懂"要求

财务懂业务要懂到什么程度呢？华为公司对财务人员提出了"五懂"要求：懂项目、懂合同、懂产品、懂会计、懂绩效。这"五懂"除"懂会计"外，其他四懂都与业务息息相关。财务人员要做到这"五懂"是非常不容易的，如果能做到，就表示其已蜕变为一名经营管理人员了。华为公司对财务人员的"五懂"要求放到其他企业财务人员身上也是成立的，这"五懂"也可视作财务人员是否真懂业务的衡量标准。

338. 怎样让财务与业务相结合

怎样让财务与业务相结合呢？华为公司的做法值得借鉴。华为公司从各业务部门抽调干部到财经管理部任职，加强财经组织的业务建设，改变财经组织一直以来"简单""固执"，只会苦干不会巧干的做法。用任正非的话说，在财经组织里加入一些沙子，是为了形成混凝土，而非取代财务人员，当然，换岗的业务干部要先通过会计知识的考核。

339. 财务人员融入业务的三个方向

财务人员如果不懂业务，只能提供低价值的会计服务。这是任正非先生对财务人员的谆谆告诫。财务人员如何才能快速地融入业务呢？任总指出了三个方向：

第一，参与项目管理，快速了解企业的业务流程；

第二，参与经营分析，了解企业经营的长短板；

第三，参与预算预测，与业务直接沟通交流，了解企业的产品、市场与赢利模式。

五、财务要树立服务业务的意识

340. 财务人员要树立服务意识

财务部在业务的眼里是后台部门，是机关。财务工作一般不能直接为企业创造价值，财务工作的价值需要通过业务来体现。因此，财务人员要具备服务意识，主动把业务人员当作自己的客户。财务工作要做到为经营服务，为一线服务，为作战服务。财务人员的服务意识要由被动转为主动，预先谋划、特事特办、事后规范。

341. 华为公司的财务"四化"建设

"财务服务业务"，此话好说难做。财务人员如何与业务人员沟通，怎么做好工作对接，对此疑难问题，华为公司财经管理部提出的"四化"标准至今让我记忆犹新。财务理论大众化、财务语言通俗化、财务制度统一化、财务输出模板化，这"四化"既有语言的艺术，又有工作的技巧。财务人员不妨借鉴一下，搞好自己的"四化"建设。

342. 首问负责制

华为公司财经管理部曾要求财务人员在接受业务人员问题咨询时做到"首问负责制"。邮件发给谁，电话打给谁，就由谁负责解答，即便问题不在自己的职责范围内也要如此处理。答不上来时有两种解决方式：一是咨询别人，找出答案后告诉业务人员；二是告诉业务人员谁能解答这个问题，并做好对接。首问负责制的精髓是财务人员要有服务意识。

343. 财务部的强势与弱势

财务部应强势还是弱势，这是一个具有争议性的话题。财务部既有监督职能，又有服务职能。侧重监督职能，自然强势；侧重服务职能，则应平和。但有一点是肯定的，CFO 与财务部自身并没有足够的权威。如果你看到某个财务部很强势，实际是 CEO 赋予了该财务部更多的权柄。从这个角度看，财务部的强势不过是"狐假虎威"。

344. "财务服务业务"的正解

需要明确的是，"财务服务业务"不是会计服务业务。这里所指的"财务"，是财务管理，而非会计核算。会计核算一定不能服务业务，而应该监督业务，会计核算只对核算的真实性负责，它应该跟企业所有的业务管理组织脱钩。

345. 财务服务要实现"高铁化"

财务服务要实现"高铁化"，让客户感受到的永远是简便、快捷。财务服务要方便业务，把复杂的程序和工作留给自己，然后通过自身努力把复杂的工作人工智能化，进一步解放自己。通俗地讲，财务服务应该是"润物细无声"，并把财务监督融入财务服务之中，时刻都在为业务服务，都在为业务拓展保驾护航，却又让业务感受不到服务的存在。

346. 财务人员要有原则和底线

古人云："慈不掌兵，义不掌财。"将后半句引入财务工作中，意思是财务人员要有原则性。以前有句话形容财务人员的尴尬，"站得住的顶不住，顶得住的站不住"。财务人员能百分之百坚持原则很难，外圆内方、适当变通必不可少，但不能没了底线。原则既是约束，也是保护。没有主见、随波逐流，不敢坚持原则的财务人员可能误人误己。

347. 财务人员降低工作风险的原则

财务人员降低工作风险的原则如下。

第一，底线原则。所有的账务处理、税务处理不违背会计准则与会计制度，不违背税务规定。这是红线，绝对不能踩。

第二，规矩原则。财务人员要严格按照企业的规章制度办事，不徇私情。

第三，谦虚原则。财务人员碰到不懂的、拿不准的问题，应及时求助；需要做决定的，应向领导请示汇报。

348. 做精财务工作究竟难在哪里

财务工作入门易，做精难。究竟难在哪里呢？一方面是要求财务人员的专业知识要全面、精深，要有学历、证书佐证；另一方面需要财务人员有较好的沟通能力、领悟能力，能化解实际工作中的难题。除了专业方面，高端财务人员还需要全面理解政策、业务、市场、投融资、人力资源管理……能把经营管理与财务管理融会贯通，实现财务管理在业务运营流程中的落地，这等于要求高端财务人员应具备负全责的经营管理人员的职业素养。

349. 财务负责人参与决策要趁早

财务负责人参与决策要一开始就参与进去，不要等到业务把事情议妥了再发表意见。财务负责人一开始参与进去，把自己的意见表达出来，业务容易接受。等业务把事情谈好了再发表意见，就容易被别人理解为找碴儿。站在企业利益的角度，即便财务负责人的意见是对的，反复变更决策也会增加企业的管理难度与管理成本。

350. 依托项目，让会计快速成长

大企业的会计如何快速成长呢？企业规模越大，分工越细，会计人员往往只能专注一小段工作，很难窥探会计工作全貌。很多大企业的基层会计人员虽头顶企业响亮的名号，实际颇不自信。基层会计人员要想尽快从整体上掌握会计工作，最好的选择是做项目财务，因为一个项目的运行周期可视为一家小企业的完整财务周期。

351. 财务工作的阻力

为什么财务人员的努力总会遇到阻力呢？财务人员想要内控规范，想要账实相符，想要信息公允，这些愿望无非是想让自己的工作能经得住股东、税务、审计的检验与盘查。财务人员在表

达自己的意图时，往往缺乏手段与权威，总是说"狼"来了，总想用风险点醒企业负责人与业务人员，无奈的是"狼"迟迟未来，反倒让人觉得财务人员在小题大做。

352. 财务工作需加强沟通，建立共识

财务人员在工作中难免遭受指责与抱怨。不理解财务工作的人，有时会指责财务人员斤斤计较、爱算计。为何如此呢？无外乎财务工作的性质，这一岗位要求财务人员精打细算。要扭转这种局面，财务人员需多换位思考。建议对非会计岗位人员多点财务基本知识的培训，以减少错讹；财务人员在拒绝他人时，应多给点解释与建议，以消除误解。共建和谐才会有幸福的会计人生。

353. 不因监督而削弱服务

财务部容易与业务起冲突的窗口主要有两个：一是费用报销窗口；二是开发票窗口。费用报销窗口发生冲突很大程度上是因为发票的问题，一是发票不合规，二是没有发票。开发票窗口发生冲突的主要原因是不符合开票条件。起冲突时财务人员或许有理，但这两个窗口都直接面向业务，关乎财务部的形象，因此财务人员要时刻提醒自己戒急用忍。

354. 诠释财务工作的价值

如果仅仅把财务工作做成记账与报税，估计财务人员的地位不会高；如果走向另一个极端，认为财务工作要创造价值，这会把财务人员摆到很尴尬的境地。记账与报税是财务工作最基础的部分，但不是最有价值的部分。财务工作的核心价值在于：可完

善内控降低风险，可未雨绸缪地避免资金断流，可匡算盈亏襄助决策。

355. 财务的创新性工作

财务人员的工作可分为两类：日常性工作和创新性工作。日常性工作做得好不好，能体现财务人员的岗位适应性；创新性工作做得好不好，能反映财务人员的可塑性。什么是创新性工作呢？可分为以下五种：

（1）从无到有的工作；

（2）对基础薄弱的工作进行改进；

（3）制定制度流程；

（4）总结输出工作经验；

（5）帮助业务改善管理。

356. 数据是财务的尊严

数据是财务的尊严。这句话至少有以下三层含义：

（1）不做假账，财务人员报出的每一个数字都能经受检验；

（2）把重要数据装进脑子里，随时能记起，张口能说出，这是让人尊重的职业素养；

（3）把财务数据当成企业的机密，未公开的不乱说，不该说的绝不说，恪守职业道德。

357. 培养数据敏感性

财务人员对数据要有敏感性。可数据那么多，谁能全部记住呢？对数据敏感并非要面面俱到，建议重点关注以下几组数据：

（1）KPI 数据（至少包括收入、利润），做到心中有数；

（2）资金数额，资金如同企业的血液，要时刻紧盯；

（3）存货、往来款增减变动，这是企业日常管理的重点；

（4）期间费用的增减变动，问题就在此中露出端倪；

（5）每月的纳税额，风控与税收筹划要适度；

（6）总经理重点关注的其他数据。

358. 对数据的敏感源于对业务的熟知

财务人员对数据敏感更多是基于对业务的理解。数据本身是枯燥的，大多数财务人员面对数据并没有足够的敏感性。能够记住数据，不是指财务人员记性好，而是要清楚数据背后的业务。记住数据是困难的，记住数据背后的故事相对容易。从这点看，财务人员对数据敏感实际是对业务敏感。对业务敏感需要财务人员跳出财务看业务，将视角前移。

会计闲谈——会计职业的别称

许多职业都有一个充满奉献精神与理想色彩的别称，如老师叫"人类灵魂的工程师"，医护人员叫"白衣天使"，政府官员叫"人民公仆"，记者叫"无冕之王"，律师叫"正义的斗士"，注册会计师叫"经济警察"。我们从事的会计职业呢，暂时还未听说有响亮的别称。我拟几个吧，"红脸关公""财富建筑师"……大家觉得哪个更贴切呢？

第十章

成本费用控制

对于有些企业而言，降低成本费用往往只被当作口号来喊。如果企业不是粗放型管理，除非裁员，否则降成本费用的空间着实有限，相信 CEO 与 CFO 都明白这一点。这些企业大力宣传降低成本费用的原因大概有以下几点：

（1）让员工养成节俭意识，脑子里时刻有根弦——别浪费；

（2）传递业绩压力，让员工感觉自身的表现会影响企业的利润；

（3）为减员增效、绩效考核做舆论铺垫。

一、成本控制的原则与理念

359. 企业面临的四大成本压力

企业通常面临以下四大成本压力。

（1）税费成本。无论是增值税，还是企业所得税，它们都是企业必须要承担的税负。

（2）人工成本。企业聘用一名员工除了要发工资，还需要为之缴纳"五险一金"。

（3）地租成本。土地和房租越来越贵，企业需不断寻求最适宜的发展场所。

（4）运输成本。高昂的运输费用加大了企业的成本压力。

360. 降成本费用的两难

企业降成本费用有两难：一是得不到员工的拥护，员工不能从降成本费用中得到收益，自然缺乏配合企业降成本费用的主动性，没有员工自觉参与，降成本费用的举措很难落地；二是降成本费用很难带来实效，宣传上或许雷声大，但收益上很可能雨点小，最终希望降低的成本费用没有降下来，而降下来的成本费用又制约了业务拓展，可谓本末倒置。

361. 降低成本费用的原则

降低成本费用，企业要把握以下三项原则：

（1）先开源后节流，不能因为降成本而影响业务拓展，降成本应先着眼于不产出的方向；

（2）只控制不压制，制定标准、制定限额、制定预算、规范审批，控制费用的大数，而不斤斤计较于单笔报销的金额；

（3）前端优于后端，对事项进行控制要好于对发票进行控制，要先管住事。

362. 控制成本费用要有整体思维

控制成本费用要摆脱紧盯局部而不顾整体的思维方式。降低成本费用绝非控制成本费用的目标，降低企业的运营成本才是关键。成本是市场竞争的关键制胜因素，成本控制应当从产品价值链的角度，权衡投入产出的综合效益，合理确认控制策略。成本费用的控制依据不能仅是"多与少"，还应该有"是与非"，关键是要衡量投入产出比。

363. 降成本费用要走到前端去

降成本费用不要总为纠正既往的决策错误而疲于奔命。今天的错误决策就是明天的成本。决策错了，形成的无效成本单靠后期控成本手段是无济于事的。例如，人员已招聘，谈控制人工成本就晚了；产品设计已定型，谈降低材耗作用有限；产品质量不过关，试图降低维修成本几乎是奢望。企业只有走到前端去，才能抓住成本的"牛鼻子"。

364. 成本费用的三大类型

企业应根据成本费用的类型进行控制，具体分为以下三类：

（1）战略性成本费用，影响持续数年，多不可逆，如筹建新生产线、开拓海外市场等；

（2）策略性成本费用，是否调整要等效果与反响出来后，在调整之前不可控，如产品设计成本、广告投放等；

（3）经营性成本费用，可以通过预算控制、标准控制、总额控制压缩一些。

365. 利润下降为什么比收入下降的幅度大

当企业的销售规模降低 10% 时，利润规模往往会降低 20%~30%，甚至更高。为什么利润没有和收入规模同比例缩小呢？除去固定费用的影响，根本原因恐怕在于成本费用支出的惯性，这种惯性导致收入减少时成本费用依旧按原来的预算执行，很难调减。通俗来讲，就是销售收入虽未完成预算，但成本费用却"完成"了预算。

366. 评价控制成本效果的误区

有些企业经常使用以下几个评判标准来评价控制成本的效果:

（1）成本费用率是否降下来了;

（2）总成本费用与预算相比是否降下来了;

（3）当年的成本费用与上年相比是否降下来了。

如果将这样的评判标准设定为 KPI，则大为不妥。控制成本费用不应影响业务拓展，只要成本费用支出能带来增量收益，就应尽量满足。

367. 降成本费用要做"三个分开"

企业在降低成本费用时，先要做到"三个分开"：

第一，把战略投入与经营投入分开，不能为了降低眼下的成本费用而损害企业的长远利益;

第二，把客户界面与内部运营分开，不能通过降低客户的体验来弥补内部运营投入的不足;

第三，把人员费用与业务费用分开，不能通过压缩员工利益来缓解业务费用的紧张。

368. 华为公司成本费用控制的着眼点

华为公司成本费用控制有以下五个着眼点：

（1）设计成本，确保未来的生产是最经济的，这决定了未来绝大部分生产成本;

（2）采购成本与外协成本，议价能力与规模经济是关键;

（3）质量成本，特别是因产品质量和工作质量问题导致的维护成本；

（4）库存成本，特别是因为版本升级而造成的呆料和死料成本；

（5）期间费用中的浪费。

其中，设计成本与质量成本最值得关注。

369. 集团公司降成本费用的主要方式

降低成本费用是很多企业走下坡路时的无奈之举。降低采购成本、降低仓储成本、降低制造费用、降低人工成本，对管理很规范的企业来说，只是理论上可行，实际难有操作的空间。最为可行的是压缩期间费用，但压缩的金额也是非常有限的。

集团公司降成本费用主要有以下五种方式：

（1）减人、增产、涨工资；

（2）支撑部门与业务部门博弈，如果业务不需要某个支撑部门的服务，就取消这个部门；

（3）精简机构和流程，去掉没有实际意义的控制节点，提升运作效率；

（4）加速信息化进程，把简单重复、规则性强的工作交给计算机；

（5）非核心业务外包，让专业的人做专业的事。

370. 转变思路降成本的案例

会计人要善于转变思路。下面介绍几个案例。

（1）A公司搬到郊区，拟引进班车。常规思路，买；转换思路，租，立时可减少一次性资金支出。

（2）笔记本电脑办公已普及，B公司决定不再购买计算机，改为员工自行购买，凭票报销，两年结清。

（3）C公司给员工发手机作为福利，常归思路，将手机送给员工，购买手机的价值并入薪酬扣个税；转换思路，将手机发给员工使用，但所有权仍属公司，手机做低值易耗品摊销，摊销金额计入通信费。

371. 让员工分享成本降低的收益

以前笔记本电脑算奢侈品，因为携带方便，办公用的笔记本电脑多被私用，经常被用来播放影音。过度使用导致笔记本电脑易坏，企业维修费用不菲。如何降低维修费用呢？有家企业的办法很高明，即将笔记本电脑配发四年后赠送给员工。员工因为知道笔记本电脑四年后将会属于自己，所以使用时都很爱惜。

372. 两票制

为了解决医药销售领域的乱象，政府对医药产品销售推行了"两票制"。何谓"两票制"，直白点说就是医药产品出厂后只能开两次发票：销售到医药贸易公司开一次发票，医药贸易公司销售到药店或医院开一次发票，中间不允许有其他交易环节。"两票制"的本质是通过减少流通中的交易环节来避免药品层层加价。

二、如何控制人工成本

373. 厚待种花人，花香客自来

企业的费用有两项值得关注：一为市场拓展类费用，二为人

工成本类费用。随着市场竞争加剧，许多企业在销售方面可以不计成本投入，总觉得持续烧钱终有一天会撬开市场的大门。但到了给员工激励时，又抱怨不堪重负。同样是花钱，为何厚此薄彼，可能是觉得给市场见效直接。殊不知，刺激人是道，刺激市场是术。

374. 控制人工成本的思路

企业控制人工成本的思路主要有三个：

（1）降低员工平均工资；

（2）减少员工人数；

（3）提高员工工作效率。

前两个思路是最容易想到的，但也是实操中最容易出问题的。工资具有刚性，员工有《中华人民共和国劳动法》的保护，降薪与裁员说起来容易，企业操作起来却不易。但这并不意味着企业就无法降低员工平均工资、无法减少员工人数，只是布局要提前、要趁早。例如，可以选择在薪酬洼地注册公司、招聘时严格控制编制。另外，在薪酬设计上逐步淡化工资刚性，建立弹性工资制，这是控制人工成本的常见方式。例如，对生产工人采用计件工资或者计时工资，对销售人员采用"低底薪、高提成"的工资模式，对行政管理人员采用"基本工资加绩效工资"的模式。

我认为控制人工成本最有效的方法是加强企业管理，不断提高人均产出率。工资高，不见得人工成本高。高工资与高利润，这两者的矛盾是可以统一的。要实现这个统一，前提是人均产值要高。这就需要企业逐步淘汰低产出的员工，有些企业践行的末位淘汰制体现的就是这一理念。

375. 企业的用人观

企业通常有以下两种用人观：

（1）五个人干三个人的活，拿四个人的工资；

（2）三个人干五个人的活，拿四个人的工资。

第一种用人观，每人拿了正常工资的 80%，心里不满，而企业却养了两个闲人。第二种用人观，每人拿了正常工资的 133%，企业反倒节省了一个人的薪酬成本。很多成功企业的用人观属于后者，"大锅饭"的用人观属于前者。

376. 冗员是企业的一大成本

冗员是企业的一大成本。冗员增加的不仅是人工成本，还会增加与人工相配套的办公成本，如配备计算机、工位、办公家具等。此外，冗员还会在企业形成一种懒散的工作氛围，让员工士气低落，进取心不足，降低工作效率。如果为了解决冗员的工作问题而因人设岗，那就更糟糕了，这等于是在工作中人为地设置障碍。因此，企业招聘员工时要保持一定的饥饿感，切忌全负荷招聘后出现闲余。

有的企业员工人数增长过快，一赶上市场波动，就启动裁员。要知道，企业在裁员的同时，不仅浪费了曾经培训这些员工投入的时间和精力，也抛弃了他们的人际关系网和工作经验。更严重的是，会打击其他员工的积极性，动摇员工对企业的忠诚度。

377. 企业为什么要裁员

企业裁员的原因大概有以下三个：

一是业务萎缩，没有那么多事可做，闲下来的人又无别的岗位可以安置；

二是人均产出价值低，员工创造的价值不足以覆盖工资成本；

三是企业现金流紧张，无力承担全部员工的薪酬。

现实中这三个原因往往是交织在一起的，也是互为因果的。企业裁员是断臂求生的手段，不得已而为之。

没有哪个企业的发展永远顺风顺水，要是赶上了未曾预料的市场萎缩，企业陷入亏损境地，就很可能会裁员。企业是市场竞争的主体，商场如战场，企业参与市场竞争必须轻装上阵，负重前行既走不快，也走不远。

378. 工资高与人工成本高是两回事

员工工资很低的企业，人工成本可能很高；员工工资很高的企业，人工成本可能很低。这是一个具有辩证色彩的话题。华为公司员工的平均年薪很高，可是，华为公司的整体人工成本在行业内并不高。如果企业存在大量的冗员，五个人干三个人的活，那么即使每个人的工资都不高，企业整体人工成本也可能很高。反之亦然。

员工高工资与企业高利润并行不悖，可用四句话对此做出很好的总结：

（1）三个人干五个人的活，挣四个人的工资（员工的高工资是自己挣出来的）；

（2）增加一个干部，前端先要减少两个干部（避免机构臃肿、人浮于事）；

（3）给的钱多了，不是人才也变成了人才（激发员工的潜能）；

（4）减人、增产、涨工资（淘汰低产出员工，提高人均产出，实现企业与员工的双赢）。

379. 如何实现涨薪与提升利润的辩证统一

涨薪与提升利润这两者的矛盾是辩证统一的。一方面，涨薪会吃掉利润；另一方面，涨薪能调动员工积极性去提升利润。怎么平衡呢？且看《华为基本法》的论述：我们不会牺牲公司的长期利益去满足员工短期利益分配的最大化，但是公司保证在经济景气时期与事业发展良好阶段，员工的人均年收入高于区域行业的最高水平。

380. 两种人才战略

企业的人才战略有两种：

（1）企业实力不够雄厚时，培养人才；

（2）企业有了足够的知名度和美誉度之后，选拔人才。

这两种人才战略的区别在于：培养人才是企业先以较低的成本招聘员工，员工与企业一同成长，员工的价值逐步提升；选拔人才则意味着企业对人才的要求一步到位，招聘时往往会付出较高的人力成本。

381. 人工成本是如何做高的

企业做高人工成本主要有三个路径：

（1）组织架构越搞越复杂，监管机构、平台部门越设越多、越建越大，不直接创造价值的人越来越多，人工成本自然越来越高；

（2）企业名气越来越大，招聘要求越来越高，专科生能做的事也要招聘本科生、研究生来做；

（3）企业管理过于僵化，对一些工作技能跟不上企业发展、已达不到岗位要求的老员工，选择继续任用。

三、生产环节如何降成本

382. 生产制造型企业有效降低成本的方式

生产制造型企业的商业模式是买得便宜，卖得贵，中间环节别浪费。这句话把采购、销售、制造诸环节皆囊括其中。如果把员工当作一种资源，那么聘用员工实际也可视同采购。要想把产品贵卖，产品就要有高附加值，这时研发设计是否出色非常关键。中间环节别浪费体现在企业的经营管理上，企业应提高运作效率，提升管理水平。

生产制造型企业可以通过以下四种方式有效降低成本：

（1）推行产品标准化，零配件标准化，尽量减少开模次数；

（2）引进先进的生产技术，机器的效率要高于人工，别做"血汗工厂"；

（3）规模化作业，只有规模上去了，单位成本才能降下来；

（4）产品设计要科学，既要抓住客户，又要省去冗余，设计环节决定了生产环节 90% 的成本。

383. 如何理解作业成本法

我们该如何理解作业成本法呢？其实质是生产制造型企业分摊间接成本的方式。间接成本的常规分摊方式是先确定某个依据，如标准成本、材料成本、人工工时，然后一并分摊。这样做如同吃大锅饭，简易但不准确。作业成本法要求对产生成本的动因进行分析，按动因分摊成本。作业成本法理论上更科学，但动因确认困难、工作量大。

384. 以不同情况下的产品成本作为决策依据

产品成本包括三部分：人工成本、材料成本和制造费用。无论采用何种分摊方法，财务人员算出的完工产品成本都是相对成本。例如，生产满负荷或不满负荷，人工成本、制造费用分摊比率会有所不同；规模生产与非规模生产对单位产品成本的影响也很大。因此，会计核算出来的成本不足以作为决策依据。企业在做定价、投产决策时，最好核算不同情况下的产品成本。

385. 最终决定产品竞争力的还是成本

仅仅把控制成本当成增加利润的一种方式，这种认识是肤浅的。在红海市场中，产品成本高低是竞争力强弱的决定性因素。有人会说，我可以不打价格战，而是通过提高产品品质让产品受青睐。这种说法是理想化的，产品创新或许可维持高价格，但这只是机会窗带来利润，不可持久，机会窗消失后，最终决定产品竞争力的还是成本。

386. 企业为什么要努力降成本费用

企业为什么要努力降成本费用呢？在市场高速扩张时期，多抢订单，多签下合同就意味着企业有更多的利润。这时候几乎没有人在意降那么点成本费用，甚至有人会调侃"不会花钱的人就不会挣钱"。可市场终归是会饱和的，当产品过剩时，市场竞争必然白热化，这时降成本费用的价值就体现出来了。红海市场的竞争一定是精细化竞争，哪家企业的成本费用率低，就意味着它的产品更有市场竞争力，更有可能在接下来的"血拼"中获胜。

387. 产品定价与成本有关吗

简单地回答有关或无关都不对。要回答清楚这个问题，就要搞清楚影响产品定价的因素。影响产品定价的因素包括产品成本、竞品定价、市场饱和度、品牌价值、垄断地位等。垄断性产品定价可以采用成本加成定价模式。完全竞争产品的定价一般只能随行就市。创新性产品的定价可先高后低。自带品牌的产品、奢侈品的定价应瞄准目标人群，价格以目标客户支付能力为依据。

388. 外包降成本

外包降成本有以下四种常见的形式：

（1）生产外包，又叫代工，如富士康公司就主要承接这类业务；

（2）销售外包，又叫代销，我们熟知的财务软件公司，其软件销售就主要由代理商负责，财务软件公司不直接面向消费者；

（3）客户服务外包，产品售出后，产品安装、维修、客户咨询服务都交给第三方代理；

（4）后勤外包，较常见的有班车、食堂、物业服务外包等。

389. 按完全成本法定价会催高药价

药品一般采取完全成本法定价。完全成本包括生产成本与期间费用。完全成本按销量分摊后可算出药品的单位成本，然后限定利润率，算出最高零售价。这样定价存在一个问题，例如，两家企业生产同一类药，一家成本低，另一家成本高，按完全成本加成定价的结果是成本低的企业利润空间反而小，成本高的企业利润空间反而大，这有可能会导致市场竞争的逆淘汰。

390. 设计成本是成本控制的源头

说到产品成本怎么控制，从何时开始控制，估计答案五花八门，材料采购、人工配置、机器利用、车间管理等环节都有一些控制点。但真正落实下来，所做的工作对控制成本作用有限。产品成本控制的源头要前移，必须着眼于设计环节。相关统计数据表明，设计环节决定了产品 90% 的成本。设计不经济，成本就难以降下来。例如，确定手机样式与功能后，在生产阶段降成本的空间就不大了；相反，如果能在设计手机功能时就果断地抛弃消费者用不上的功能，生产成本更容易降低。因此，企业在控制成本方面要有前置观念，在设计阶段降成本更可为、更可取。

391. 产品质量成本非常高

如果产品质量出了问题，会增加哪些成本呢？首先是直接成本，包括退换货成本、运输成本、维修成本、维修人员的差旅成本等；其次是间接成本，如维修人员的工资、社保、公积金等；最后是机会成本，如客户因产品质量问题而质疑企业，甚至可能导致客户流失。

一旦产品质量出问题，企业付出的直接成本、间接成本尚可计算，机会成本则会非常高昂，甚至可能让企业关门。

392. 质量成本与墨菲定律

企业成本控制追求的目标一般是尽可能降低成本，但有一项成本的控制比较特殊，这项成本就是质量成本。质量成本投入，主要表现为增加产品的检测、维修、验收频次，这样做理论上可以提升产品的质量与稳定性。问题是，质量成本投入后，它不会直接产生经济效益；不投入，质量问题也不必然产生。所以，很多企业负责人会滋生机会主义心理，质量成本能减则减，减到最后几乎成了放任质量风险了。墨菲定律告诉我们，只要存在坏的可能，而你又没有积极去干预，这个坏的可能终有一天会成为真实的事故。或许只有等到事故发生时，企业负责人才能真切地感受到质量成本控制的重要性，其收益在于减少了因质量问题带来的损失。

393. 质量成本的周期律

质量成本有个周期律。当企业长时间不出现质量事故时，企业经营者会减少质量成本投入；当质量事故发生后，企业经营者会加大质量成本投入；因为投入了足够多的质量成本，一段时间内产品不会再出质量事故；待到产品质量长时间稳定了，企业经营者会产生麻痹心理，又会减少质量成本投入，于是质量问题又出现了……治了好、好了放、放了乱、乱了治，周而复始。质量成本之所以有这样的周期律，根本原因在于企业经营者对产品质量问题重视不够、认知不够、担责不够。

394. 如何理解性价比高

性价比高是指物美价廉吗？非也！产品品质是由成本与竞争共同决定的。所谓性价比高，潜台词是：你买了便宜的商品，你常用到的功能厂家给你精心配置，你不常用的功能，厂家会降低配置或不配置，但因为你暂时用不到这些功能，所以只有喜悦、没有痛感。

四、如何控制日常费用

395. 日常费用的控制方式

企业的日常费用该如何控制呢？如果你眉毛胡子一把抓，控制会不得要领，最好的方法是将日常费用按类别分开，不同的费用类别采用不同的控制方法。具体的控制方法有哪些呢？以下六种可供参考。

（1）预算控制。通俗来讲，就是要做到量入为出，在预算额度内花钱，这种方法主要适用于日常可控费用，如办公费、图书资料费、市内交通费等的控制。

（2）总额控制。这种方法主要适用于项目类、总包类费用，如薪酬、研发费用等的控制。

（3）比率控制。这种方法主要适用于销售类费用的控制，企业事先确定好各种销售费用与销售收入之间的比率关系，以率控费。

（4）人均额度控制。这种方法主要适用于与人头直接相关的费用，如通信费、福利费等的控制。

（5）标准控制。这种方法主要适用于分层级的费用，如差旅费、办公用品费等的控制。

（6）事先报备控制。这种方法主要适用于享受型、敏感型费用，如招待费、团建费等的控制。

不同种类的费用发生的动因不同，不能一种方法管到底。针对费用发生的不同动因，分别采用不同的方法去控制，控制的效果会好得多。

396. 控制招待费的常见手段

有些企业的招待费多为"吃喝玩乐费"，且金额较大。控制招待费的常见手段是定额制、事前审批制。前者会于事前定下来不同等级的招待标准，后者要求每次招待前要获得领导审批。两者结合使用，可以有效遏制餐桌上的腐败。有些企业的规定更严格，要求报销招待费时注明客人的信息以及陪同人员的信息，并提供照片为证。

397. 高管费用报销由谁审批

副总经理级别以上的高管报销费用应该由谁审批呢？要说清楚这个问题，先要对高管进行分类。

第一类是副总经理。一般情况下，副总经理的费用报销实行双审批制，由财务总监和总经理共同签批。

第二类是财务总监。财务总监的费用由总经理一人审批。

第三类是总经理。总经理的费用报销由谁审批呢？只能倒过来，由财务总监审批。也有一些企业规定总经理的费用报销由董事长审批。如果企业的董事长是全职的，董事长的费用也在企业报销，如何审批呢？一般由财务总监审批即可。

398. 高管职务消费监控的重点

高管职务消费一直是监控的难点，管理稍有不慎，高管职务消费就可能成为企业费用的大头。监控高管职务消费，应重点关注以下三方面：

（1）敏感费用科目，如业务招待费、培训费、会议费、差旅费、办公用品费；

（2）高管以下属名义报销费用，规避审批；

（3）高管在子（分）公司有兼职的，看其在子（分）公司是否有费用报销。

399. 公示高管费用报销是个好办法

高管报销费用一般只需财务总监和总经理审批。在有些企业，高管报销费用只要不太出格，碍于面子，财务总监和总经理都会签字。这样一来，高管的职务消费等于没了监控。怎么改进呢？某企业的做法很独特，其财务人员把每位高管的费用报销额度罗列出来，按高低排序，全员公示。试想，哪位高管愿意自己每月都"荣登"榜首呢，于是都会自觉且合理地控制相关费用。

400. 自律是成本最低的管理模式

所谓自律管理，就是相信员工会基于职业道德做事，企业不过分干预。企业为什么要强调自律管理？因为自律可以降低企业的管理成本，自律管理是成本最低的管理模式。推崇自律，但不能轻信自律，基于自律的必要监控一定要建立起来，适当监控可以降低企业运营的风险。自律与监控交织在一起，企业一方面可降低管理成本，另一方面可降低运营风险。

会计闲谈——依附升值法则

绑大闸蟹的稻草本无价值，却卖出大闸蟹的价钱，这是典型的依附升值现象。翻开资产负债表，这一现象的例证比比皆是。应收账款里的坏账、其他应收款里的费用、存货里的减值、长期投资里的亏损、固定资产里的废物、在建工程里的利息、无形资产里的研发支出，这些依附项目都值得探讨。

第十一章

营运资金管理

营运资金管理具有三层境界，这三层境界体现了财务管理递进的过程。第一层境界是注重资金安全，在这个阶段主要是通过制度流程的设计，让钱别出事；第二层境界是注重资金效率，设法让资金快速周转起来，减少营运资金的占用，降低企业的资产负债率；第三层境界则是注重资金收益，懂得把富余的资金投放到更有价值的地方去。

一、出纳对营运资金管理的重要性

401. 出纳工作的重要性

有些人认为出纳工作简单，做出纳学不到什么东西。对此你不妨问问自己：你把出纳工作做好了吗？严把资金关了吗？为闲置资金创造收益了吗？支付手段吃透了吗？某知名企业家曾一度要求公司出纳必须要有研究生学历，他认为出纳是企业风控的最后审核人，出纳审核是弥补内控缺憾的最终环节。

402. 出纳如何把好资金关

出纳如何把好资金关呢？简而言之，就是要"认字不认人"。

签字手续不齐全，钱坚决不能支出。

（1）不能认声音，口头说的都不管用。

（2）不能认保证，谁拍胸脯都不行。

（3）紧急情况下的付款，须经电话确认，不能只认短信、邮件和即时通信信息，因为这些媒介有可能被盗用。

（4）不要被"紧急"给唬住，再急也要走程序；如果特事特办，先请最高领导签批意见。

403. 出纳转错款，个人需承担多大责任

某公司的出纳下午在 QQ 上接到"总经理"发来的消息：准备 100 万元资金打到某个账户。出纳接到"总经理"的通知后，忙不迭地就办了。第二天上午，出纳向总经理说起此事，总经理毫不知情。很显然，企业的钱被骗了。

类似的案例，好像发生过不止一起。企业的钱损失了，总经理不甘心，对簿公堂，找出纳索赔。出纳该不该赔偿、赔偿多少呢？

从已公开的法院判例来看，出纳会承担 1/4 或 1/5 的责任，企业则要承担主要责任。原因在于，企业未能建立严格的内控制度，疏于管理，这是导致被骗的主要原因。出纳责任心不够，未进行必要的核实，应承担次要责任。我认为这样的判决是合理的。这种判决结果，一方面明确了出纳对造成资金损失的后果是要负责任的，另一方面也明确了造成这一后果的主要责任人不是出纳。

404. 建立健全资金审批内控制度

上述案例中，出纳的问题是什么？是他谨慎性不够。同时，

企业内控也存在问题。企业的资金管理要贯彻不相容职务分离原则、审核签批原则、权力牵制原则。一笔钱打出去，就不能由一个人全程操作。出纳未见企业领导审批签字，没有经过复核就能把钱打出去，这说明企业内控设计出了问题。企业内控制度不健全，才是导致资金被骗的主要原因。

二、营运资金管理解析

405. 如何理解现金为王

会计上有许多警句都说明了资金的重要性，如"现金为王""现金是企业的血液"等。对此我们该如何理解呢？

（1）企业要运转就需要现金，现金之于企业，犹如血液之于生命。

（2）企业破产的直接原因不是亏损，也不是资不抵债，而是企业不能偿还到期的债务。这里说的债务是个大概念，可能是贷款，可能是货款，也可能是员工工资。

（3）企业经营的目的不是赚利润，而是赚钱，如果没有现金流入，那么利润不过是纸面财富。

（4）企业的其他资产形态如果要转换成现金，可能或多或少会贬值。

"赚钱"两个字是地道的口头禅，不是会计学术语。可这两个字并不简单，细究下来，它是两个会计学术语的合体：利润＋现金流。对企业而言，赚钱就是要实现"有现金流的利润"。

406. 经营活动现金净流量为负的原因

现金是企业的血液。经营活动现金净流量为负数，往往意味着企业自身缺乏造血机能。对于出现负数的原因，我们可以从两个角度去评判：

（1）看企业的盈利性，看企业经营是否陷入困境，是否亏损；

（2）看企业营运资金管理是否存在乱象，如应收账款长期挂账、过度采购、大股东占用企业资金等。

407. 华为公司的经营活动现金净流量

冬天要来了，怎么办？当然要准备棉衣过冬。棉衣是什么？对企业而言，就是现金。现金之于企业，犹如血液之于生命。这句耳熟能详的话，又有多少企业负责人真正听进去了呢？为了做大销售，放宽信用政策；为了做大规模，"大手笔"投资扩张；平时花钱大手大脚，办公条件一味追求豪华气派等，这些是企业由盛转衰表现出来的三个普遍特征。

阅读华为公司年报，你会发现一个数据特征：华为公司的经营活动现金净流量始终高于营业利润。这样的数据特征还原为业务语言就是，华为公司每一分钱的利润都收回来了。华为公司为什么做得这么好？看看华为公司对地区部的绩效考核模式就能找到答案：华为公司始终强调收入、利润、现金流均衡增长，对现金流考核的权重甚至高于对利润考核的权重。

408. 资金管理中的"提质增效"

现今大型企业集团普遍成立了财务公司。财务公司的实质是服务集团内部的准银行，它将集团控制的子（分）公司的资金集中起来，利用子（分）公司用款的时间差，对资金抽长补短。站在集团层面，财务公司可以从整体上降低集团的资金成本或提升资金收益。对于体量不足以成立财务公司的企业集团，不妨先考虑实现资金集中管理。

409. 营运资金占用的表现

营运资金占用的大头为应收账款与存货。从存货到应收账款，代表了企业经营管理的主线。存货占用高，企业对市场与客户的把握不会准确；若应收账款占用高，则要担心企业的信用政策与客户管理问题，说不定产品质量与售后服务还有瑕疵。通俗来讲，营运资金占用高，说明企业产品的竞争力不够。

410. 高存货、高应收账款、高管理费用

"三高"是高血脂、高血压、高血糖的总称，现在成了中老年人的常见病。企业的"三高"是指高存货、高应收账款、高管理费用。高存货与高应收账款两弊是交织在一起的。存货与应收账款居高不下，不仅会挤占企业的流动资金，加剧机会成本与管理成本，还极有可能导致企业蒙受资产减值损失。企业要管好存货与应收账款，需要以精细化管理为前提。精细化管理是系统工程，它于存货和应收账款管理至少涉及采购到货的及时性、排产的准确率、产品质量的可靠性，以及与客户对接的融洽度等。唯有全面理顺管理链条，方能实现精细化管理。

高管理费用是指企业的管理费用率高于主要竞争对手的水平。这往往意味着企业内部运作效率低下，人浮于事、僵化死板是这类企业的主要表现。高管理费用一方面会加大企业内部交易

成本，另一方面会影响利润的积累，这又会反过来制约企业扩大再生产。企业但凡有此"三高"，就如同患上了经营上的慢性病，会一直受其所累，如不及时治疗，"三高"还会拖成绝症。

411. LTC 管理的价值

LTC（leads to cash，从线索到现金），即打通合同从线索到现金的全流程。线索是什么？合同签署的机会。现金指什么？合同执行交付完毕，把最后一笔应收账款收回来。到了这一步，这份合同才真正实现了闭环。

企业打通从线索到现金的全流程有什么好处呢？站在财务后端，可以看到业务全貌。财务知道业务全貌后，就可以有步骤、有节奏地进行财务管控。例如，合同签订了，明确了执行交付的时间，生产就能够更好地安排投产。再往前看，安排投产的时点确定了，采购就能安排询价、比价，甚至可以确定采购付款的时间。合同交付时间确定了，财务的开票时间也能确定，后面应收账款回收的时间也是确定的。

有了这样一个完整的工作流程，企业经营控制的每一个节点都能咬得很紧，每一个人的责任都是明确的。这样做下来，好处是能极大地提高企业的运营效率，降低企业内部运作成本。

412. 善用 OPM

企业销售产品时能预收账款，采购时能延期付款，无异于客户、供应商都在给企业提供无息贷款。这种运作商业信用的方法叫 OPM（other people's money）。企业营运资金管理不妨对标 OPM，"用别人的钱"还是"被别人用钱"，一正一反间不仅减少了资金占用，还可省下不菲的资金成本，甚至有些企业盈利主要依赖 OPM。

413. 零营运资本管理

海尔公司曾提出追求零营运资本管理，以尽可能减少企业在流动资产上的资金占用。零营运资本管理是一种极限管理，当然不是真的要求营运资本为零，而是尽量使营运资本趋于最小。这种管理模式在实战中火力多集中在存货与应收账款上。企业要做到存货最小，措施为 JIT（准时制生产方式，又称为无库存生产方式）管理与订单生产；要做到应收账款最小，应拒绝赊销。

三、如何管理应收账款

414. 应收账款高企的三个直接后果

企业应收账款偏高，直接后果主要有以下三个：

第一，占用企业营运资金，很可能导致企业资金周转困难；

第二，提高了企业资金的机会成本；

第三，增加了管理成本，还可能形成坏账成本。

如果不出现大面积的应收账款拖欠与坏账，企业尚可承受，不至于骤然崩盘。或许基于这种认知，企业应收账款管理容易出现"温水煮青蛙"的积弊。居高不下的应收账款在不经意间会一点点销蚀企业的竞争力。

415. "不治将益深"的间接影响

企业疏于应收账款管理，"不治将益深"的间接影响主要有以下三点：

第一，影响销售人员绩效工资兑现，打击销售人员士气；

第二，企业很可能被低商业信用的客户绑架，越陷越深；

第三，诱导赊销冲刺业绩，造成企业财务信息失真。

416. 经济下滑之风向标

经济下滑之际，会计报表上有两个风向标式的科目：主营业务收入与应收账款。因商品卖不动，前者会降低；因货款收不回，后者会上升。这两个科目的反向运动又必然带来一个后果：经营活动净现金流量下降，即企业会缺钱。经济低迷，如同市场进入冬天，企业准备好棉衣了吗？能挨过去，就是凤凰涅槃。

417. 企业为什么会有应收账款

针对应收账款管理，也许有人会说："所有的销售都现款现货不就行了吗？"这一想法是无可厚非的，应该说对企业而言也是有利的。企业销售最好的回款模式是什么呢？当然是预收账款，东西还没给出，就先把钱收回来；然后是现款现货；最差的才是应收账款。对企业有利的预收账款模式和现款现货模式，企业为何不采纳，非得采纳应收账款模式呢？这里有企业的无奈，主要原因有以下五点。

（1）企业历史沿革下来形成了销售惯性。一直以来都是客户先拿货，后付款，这样的销售惯性很难改变，也很难打破。强行打破这种惯性，客户可能会放弃与企业的合作。

（2）企业与客户进行商业谈判时处于弱势地位。强势的客户会在谈判过程中争取对自己最有利的条款。无疑，延迟付款对客户来说更经济，而企业只能被动接受。

（3）由上下游的业态决定。举个例子，超市进货，基本不会现款现货，也不会预付账款，都是供应商先给超市铺货，超市卖了再结账。商超的商业模式如此，单一供应商很难改变。

（4）行业竞争的特色。当某一行业内的竞争对手为了扩大市场份额，纷纷采取赊销模式，其他个体企业又无法制约这种模式时，也只能被动接受。如果它不这样做，客户可能会流失。

（5）企业为了抢占更多的市场份额，主动放宽信用政策。

上述这些原因最后都将导致企业账面形成应收账款。

418. 应收账款居高不下的原因

企业应收账款居高不下的原因有以下七点：

（1）无节制地市场扩张，萝卜快了不洗泥；

（2）宽松的信用政策与合同条款，只为了收入快速扩张；

（3）产品交付有瑕疵，而且未给客户解决；

（4）为应付考核或粉饰报表提早确认收入，实际上债权尚未确立；

（5）编制虚假销售合同并确认收入，这无异于会计作假确认虚假债权；

（6）对客户资信缺乏调查；

（7）清欠不得力。

419. 应收账款管理的内容

企业应收账款管理都管什么呢？放纵它是为了扩大销售，收敛它是为了少占资金，催讨它是为了避免损失。就像既要开笼放雀，又要雀儿不离手心，应收账款的存在十足就是矛盾的统一体。它的管理可分三个阶段进行：事先制定信用政策，不让未来局面失控；事中进行账龄分析与过程控制；事后催收。管理的关键在事前。

企业应收账款管理具体包括以下六方面的内容：

（1）对客户进行信用评级，确定给哪些客户赊销，规定账期；

（2）进行账龄分析，跟踪客户的资信情况，到期催收；

（3）制定信用政策，鼓励客户提前还款，或者寻求保理融资，让应收账款尽早变现；

（4）出现逾期时，启动法律手段保全债权；

（5）制定坏账计提办法，并对坏账及坏账准备进行会计账务处理；

（6）动态调整客户信用评级。

420. 如何避免应收账款管理陷入两难境地

许多企业在应收账款管理上陷入了两难境地：抓，销售规模受限；不抓，会提高坏账风险。企业能否做到零赊销，进而清零应收账款呢？绝对可以。痛点在于，拒绝赊销后，客户是否会丢失，利润是否会降低。丢失个别客户，也许影响不大，因为有的客户不一定能给企业贡献利润。如果拒绝赊销误伤了优质客户，那么企业利润一定会降低。如何做到拒绝赊销的同时不吓跑优质客户呢？建议企业先综合测算因赊销增加的成本，把这部分成本拿出来，让利给优质客户。这样做既能保证企业自身的利益，又照顾到了优质客户的利益。

421. 如何做客户信用评级

企业如何做客户信用评级？建议企业先将客户分类，然后根据客户类别进行信用评级。

A 类客户：知名企业、优质上市公司、大型国企或与企业有持续业务往来且信用良好的重要客户。

B 类客户：与企业有长期业务往来且一贯能按期还款的客户。

C 类客户：与企业有业务往来，但偶有拖欠的客户。

D 类客户：信用不佳的老客户或不了解背景的新客户。

对于 C 类、D 类客户，不适宜给予信用额度。

422. 应收账款管理要从源头抓起

应收账款管理是一个永恒的话题。应收账款形成后的信用评级、催收策略只是事后手段，能起的作用有限。应收账款质量的高低更多取决于源头的赊销政策与对销售人员的激励政策。赊销政策最应该做的是把信用不高、实力不强的客户排除在赊销范围之外。激励政策应以回款为先决条件，销售人员是回款的第一责任人。

423. 逾期应收账款的两种类型

逾期的应收账款细究起来无非就两种情形：其一，客户没钱还；其二，客户有钱却不想还。企业追讨应收账款，要先把这两种情形分清楚。对于第一种情形，不需要太用力去做，做得越多，成本超高，损失越大；对于第二种情形，要具体问题具体分析，找到客户的软肋和痛点，有针对性地采取措施催讨。

424. 应收账款催收的六点讲究

企业催收应收账款有以下六点讲究。

（1）谁销售，谁催收。有些企业让财务人员催收应收账款，这是不对的，销售人员才是清欠的第一责任人。

（2）先催收应收账款逾期时间较短的。经验表明，应收账款逾期越短，越容易回收。

（3）能收多少先收多少。如果客户没有足够的支付能力，那就看其能付多少，能收一点是一点。千万别贪大求全，不要等其凑够了再一次性回收，否则，很可能一分钱都收不到。

（4）资产保全要及时。如果客户无力还款，但有硬资产，企业要及时做资产保全。目的是对簿公堂后，能通过变卖保全的资产收回一部分款项。

（5）奖励清欠，收回逾期越久的应收账款奖励越多。这等于是按清欠难度设置奖励系数。

（6）不要随便打官司。因为赢了官司不见得能把款收回来，并且打官司本身是有成本的。有一种情况企业可以考虑打官司，即客户有支付能力，却没有支付意愿。

425. 应收账款收不回，打官司要慎重

应收账款收不回来，企业在诉诸法律之前最好做三个审视。

首先，要判断企业对该项债权的主张是否有充分的证据。注意收集相关证据，如合同、发货回执、发票签收单、应收账款催收证明等。如果对债权的主张证据不充分，就不要急于打官司。

其次，要判断债权是否仍受法律保护。债权人对债权超过三年未主张权益的，对簿公堂时法院有可能做出不利于债权人的

判决。

最后，要弄清楚债务人拖欠的原因是什么？是属于债权有瑕疵，如商品有质量问题，还是债务人无意或无力付款。

426. 应收款项如何计提坏账准备

应收款项包括应收票据、应收账款、其他应收款和预付账款。其中，应收账款、其他应收款期末需计提坏账准备，应收票据、预付账款不需要直接计提坏账准备。应收票据到期不能收回时，转记为应收账款，届时就要计提坏账准备了。预付账款如有证据表明不能收回时，转记为其他应收款，同样要计提坏账准备。

427. 合同类型影响首付款比例

企业签订合同一般会约定付款方式，惯例是签订合同后付首付款，产品交付后付第二期款，质保期过后付尾款。首付款比例如何确定呢？这要根据合同标的而定，交付物需要生产制造的，首付款比例会高一些，以盖住对方材料成本为宜。服务类或软件类标的，首付款比例不超过 10% 为好。这只是理论参考，议价最终取决于双方的意愿。

四、如何管理存货

428. 存货的质量决定应收账款的质量

存货与应收账款本是前世与今生，应收账款是存货的转世。存货正常出清，如同十月怀胎一朝分娩。也有迫不及待的，搞促销就像打催产针，逼着让存货托生，但催产太急，转世后会导致先天不足。存货与应收账款虽是两世为人，但前世的印记仍挥之不去。上辈子的存货若质量有瑕，下辈子的应收账款就会百病缠身。

429. 谁做甲方，谁做乙方

签合同时谁做甲方，谁做乙方？从法律的角度讲，甲方、乙方是平等的民事主体，谁做甲方谁做乙方都无所谓。但实际有约定俗成的规矩，合同由提出目标的一方做甲方，实现目标的一方做乙方。直白点说，就是出钱的做甲方，干活的做乙方。建筑施工合同里的甲供材料，就是指甲方自己准备材料，乙方只承接劳务。

430. "甲供材料" 模式的利弊

"甲供材料" 模式是指甲方与承包商签订合同时约定项目建设的材料由甲方提供，承包商只承包劳务。这种模式被很多有基建需求的企业所采用。理论上，甲方自行采购材料更有可能保证质量，节省采购成本。承包商只对劳务负责也有利于双方厘清责任。甲供材料最大的风险点在于，可能因承包商做的材料预算不准确而造成损失。

五、其他营运资金科目的管理

431. 无法偿付的应付款项如何处理

企业长期挂账的应付账款、其他应付款、预收账款等，需要确认为收入，交企业所得税吗？这里要明确一点，应付款项就应该付给对方，企业应付款项付不出去，不能仅凭主观臆断，要有客观证据证明。税务机关的规定是，确实无法偿付的应付款项应计入营业外收入并汇总缴纳企业所得税。但应付款项在什么情况下才属于"确实无法偿付"，税务机关并未明确。我们可以这样理解，如债权人破产、倒闭或死亡，或者债权人书面承诺放弃债权，或者经法院判决债务人可不再支付，这些条件可作为应付款项"确实无法偿付"的依据。

如果只是基于挂账时间的长短判断应付款项付不出去，那么建议企业暂时不要做任何处理，接着挂账就行。取得了前面讲的客观证据后，才涉及应付款项平账的问题。

432. 企业向个人借款务必签协议

企业资金紧张，又无法从银行贷款时，向个人借款渡过难关是比较常见的做法。提醒一句，企业向个人借款，一定要记得签订借款协议。这份协议绝不仅仅只是形式，未来还有多种用途。之所以强调要签借款协议，主要是基于以下三个方面的原因。

第一，明确借贷双方的债权债务关系，避免日后产生不必要的争执和麻烦。

第二，未来企业向个人还款时，可应对金融管制。企业向个人转款，没有正当理由的，总金额是受限的。这时向银行出具借款协议，可以解释清楚给个人转款的正当性。

第三，企业需要债权人到税务机关代开借款利息发票时，税务机关需要查看借款协议。

433. 其他应收款科目是潜亏的隐蔽所

会计科目"其他应收款"是潜亏的隐蔽所，挂在员工名下的大都是未及时入账的费用，挂在单位头上的是说不清、道不明的"糨糊"。除押金、保证金、拆借资金外，有个规律，但凡账龄超过三个月，即可干脆利落地将其他应收款等同费用。其他应收款是财务人员的梦魇，因为削减它的重任会责无旁贷地落在财务部。

434. 定期清理往来款项

年底清理往来款项是会计工作的惯例了，这样操作的原因有以下四个：

（1）对账，避免因年深月久账实不符；

（2）保全债权，如应收账款逾期超过三年未催收的，法律将不再保护；

（3）敦促即时报销，避免发票跨年以及出现潜亏；

（4）减轻应对审计时函证的压力。

企业清理往来款项，一是要查清原因，二是要确定难度，然后分别应对。

六、如何看待小金库

435. 小金库的本质

小金库是企业财务管理的毒瘤。小金库的本质是企业的账外资产。它的存在一方面偷逃了税收，另一方面侵占了企业资产。小金库是企业领导者不受控的钱袋子，本来是丑陋的事情，却总能得到个别人的理解与支持，因为小金库的使用具有欺骗性，通常会打着为大家谋福利的幌子。

436. 小金库的钱从哪里来

小金库的来源渠道如下：

（1）客户不要发票，收到不入账的现金货款；

（2）企业将款项转入第三方公司，取得发票后作为费用处理，然后从第三方公司讨回的截留税费后的金额；

（3）虚构临时工、专家报酬，套取的资金；

（4）出租企业闲置的资产，收到现金后不入账；

（5）处置企业废旧品，不入账的收入；

（6）不入账的罚没收入；

（7）回扣。

437. 小金库与假发票

小金库与假发票是一对打断骨头连着筋的表兄弟。本是兄弟，因面貌不同，看起来隔得远，只好说它们是表亲了。但说起哥俩的脾气秉性，那确实是兄弟无疑。两兄弟干的是一样的事，都为了套现，为了逃税。不过手法有别，小金库是将收的钱直接装进自己的兜里；假发票是编一套谎言欺骗组织，谋取不正当利益。

> **会计闲谈——应收款项里的好坏孩子**
>
> 如果把"应收账款"比喻为待业青年，那么"应收票据"就像一个已被父母安排好工作的大学毕业生。前者能否养活自己尚有几分不确定，后者时间一到则会衣食无忧。"预收账款"就更厉害了，十足的高富帅，还没毕业，就有经济来源了。"其他应收款"就差劲了，大概算是坏孩子，家长压根儿就没指望它能自立，等着啃老吧！

第十二章

内部控制

　　企业内部控制的本质是为了规避风险。内部控制很难一次讲明白，反复讲，明白的人听完能加深感悟，不明白的人听完还是一头雾水。内部控制难讲在于，说出的道理多是企业做不到的，能做到的又不符合要求。很多人会感觉财务部门总对其他部门不放心，主要原因是企业内控缺失或不完善，人治与经验主义盛行，财务工作处于末端，风险意识与责任意识让财务人员如履薄冰。企业的内控建设不可能一蹴而就，处于不同发展阶段的企业，对内控的最低要求是不同的。内控建设既要与时俱进，又不能盲目冒进。

一、内部控制管理

438. 内控是企业成熟阶段的必然管理手段

　　不同阶段，企业对财务规范的要求是不同的。创始阶段，企业资金与创始人个人资金实际是不分的，这个阶段财务人员不要着急切分公私，应多着眼规避税务风险；成长阶段，企业会引入新投资者，企业不再是创始人一言堂，规范资金管理与签字审批流程非常关键；成熟阶段，企业要做大做强，加强内控与制度流程建设将是要务。

439. 内控不能超越企业的发展阶段

小企业不要盲目学大企业那样构建制度流程，因为大企业的制度流程是建立在岗位分工明确化基础上的，其控制节点多，以防范风险为主。小企业往往一人多岗，为了降低运作成本，就要精简控制流程，否则管理成本会大大增加。基于成本考虑，内控不能超越企业的发展阶段。

实务中，没有放之四海而皆准的内控标准，只有符合企业不同发展阶段的内控标准。企业内控建设应该先求实用，然后在企业的发展进程中逐步动态改进。

440. 企业的内控需要动态完善

我曾帮一个企业做过内控方案设计，方案出来后，企业负责人问了我一个问题："这个方案能否把所有的风险都规避掉，会不会还有没想到的问题呢？"我听完一愣，不知该如何回答。短暂思考后，我给出了答复："所有的内控方案都是针对已出现的问题或能预知的问题设计的，企业的外部环境和内在条件都在不断变化，加之个人思虑无法做到百分之百缜密，对考虑不周详的问题、不可预知的问题，内控方案自然无法照顾到，这也必然导致内控方案有瑕疵，所有企业的内控都需要动态完善。"

441. 如何平衡风险与收益

管理无疑要控制风险，可经营中的风险又是客观存在的。如果管理过分地强调控制风险，企业很可能就被管死了。风险与收益该如何平衡呢？放任风险自然是不理性的，规避所有的风险也是不现实的。企业理性的做法是，牺牲部分收益去降低风险，把风险降低到企业可控可承受的范围内。

442. 中小企业财务管理存在的问题

中小企业的财务管理与大型企业的财务管理基本是相通的，有共性。但中小企业负责人的个人角色更显眼，这一特色决定了中小企业的财务管理有它的特殊性。目前，一些中小企业的财务管理存在以下问题。

（1）家财务：企业负责人个人资金与企业资金不分。

（2）无制度：企业负责人的话就是制度。

（3）一言堂：企业决策由企业负责人一人说了算。

这些问题看似严重，其实根源就在企业负责人身上。在企业负责人的眼里，企业就像自己的孩子一样，只有自己才最尽心尽责。因为有创立之功，企业负责人个人的权威性很高。这种权威性甚至是企业成功的保证。做经营决策时，大家畏惧企业负责人的权威或者过度依赖其权威，会导致一言堂。如果企业负责人的眼光犀利、思虑长远、决策睿智，一言堂可以保证企业运作的效率较高，但要是企业负责人的想法错了，企业就危险了。

443. 在关键岗位任用亲戚的内因

为什么小企业的负责人爱在财务、采购等关键岗位任用亲戚呢？皆因小企业内控制度不健全，以及由经济效益原则所决定。以大企业采购为例，从申购开始，要经询价、合同签订、采购、验收、入库诸多环节，各环节相互牵制，舞弊的可能性小。小企业一人多岗，缺乏必要的牵制，企业负责人用亲戚控制关键岗位实际是想要利用亲戚的责任心弥补内控的不足。

444. 内控的罩门是管好一把手

内控的罩门是管好一把手。内控好的企业一把手往往廉洁自律，给下属带来示范效应，进而形成良性的企业文化。内控不好的企业，很多是因为一把手不够重视，漠视制度、践踏制度成为员工的习惯。内控要想管住一把手，前提是一把手要自觉，若自觉缺失，搞好内控就是空话。

也许有人会问："企业的一把手是谁？"很多人认为是董事长。的确，很多企业的一把手也确实是董事长。但如果从相关公司法律法规角度理解，企业的一把手不是董事长，而是总经理，总经理才是企业的最高执行长官。董事长的主要职责是主持董事会，在董事会表决时，董事长并无特权。存在这种理论与实际的偏差，根本原因还在于企业治理不顺畅。

445. 为什么找专家做财务咨询

企业为什么会找专家做财务咨询呢？主要是基于两个原因：第一个原因是企业负责人有向外界学习的意愿；第二个原因是企业负责人想借专家的口说出他的想法。如果是第二个原因，那么做咨询需要特别小心。因为此时你并非专家的角色，而是一个"传声筒"。至于怎么传达企业负责人的声音，那是有讲究的，先要搞清楚企业负责人的想法，根据其想法倒查原因；然后顺着表达，做到有理有据。

446. 企业财务规范化改造的四个节点

企业财务规范化改造主要有以下四个节点：

（1）企业已实现盈利，摆脱生存危机后要规范纳税；

（2）已引入第三方投资人，企业不是创始人一个人的了，要摆脱"家财务"，规范审批流程；

（3）企业拟走进资本市场，账务、税务要经得住检验；

（4）企业实现了集团化运作，以往"特色化"的财务管理模式要逐步与国际化接轨。

447. 小微企业何时需要规范财务

小微企业通常会在以下阶段重视财务规范工作：

（1）规模足够引起税务重视，再不规范企业会面临法律风险；

（2）想引进风投，为了应付尽调，总得拿出一份能自圆其说的会计报表；

（3）内部股东有争议，需要给股东们一个明确的交代；

（4）给核心团队股权激励，部分股权已分给了大家，创始人自然不能再把企业的钱等同于自己的钱。

448. 如何防止采购人员吃回扣

如何防止采购人员吃回扣呢？措施有以下四点：

（1）实行不相容职务分离制度，审批、询价、采购分别由不同的人员来执行；

（2）采购人员和询价人员定期轮换，不允许一个人长期对接一个供应商；

（3）询价要货比三家，询价信息在企业内网公开，接受全员监督；

（4）授权企业内审部门对询价信息进行不定期抽查，对供应商进行回访。

449. 母公司对子公司管理的顾虑

总部对子公司的管理有三重顾虑：

（1）怕管得太多，束缚了子公司经营班子的积极性；

（2）怕管得太少，让子公司成了独立王国，进而管理失控；

（3）害怕信息不对称，子公司欺骗总部。

总部对子公司应该如何管理呢？我推荐任正非先生的一个观点：让听得见炮声的人做决策，给子公司更多的自主权，但总部要加强监督。

二、财务制度建设

450. 财务制度是企业创始人管理意识的延续

小企业为了追求决策上的高效，更多依赖于企业创始人的判断。创始人的话就是制度，创始人的眼睛就是内控。等到企业做大，创始人一个人就看不过来了。这时制度和内控就成了创始人眼睛的延伸，财务制度和内控越完备，等于创始人的眼睛看得越全面、越深入。财务制度也是企业创始人管理意识的延续，是创始人给企业打下的烙印。

451. 如何编写财务制度

财务制度是内控要求的文字化，我们也可以把它看作企业管理经验的积累。常规事项、预先能考虑到的事项、经营中偶然发生的事项一旦纳入规范管理，就需要通过制度予以明确。财务制度的编写应坚持务实的原则，先编写成熟的、急用的，同时要结合企业实际，不要盲目追求完美，在执行的过程中制度可以通过修订予以完善。

452. 财务制度编写者应具备的条件

财务制度的编写应遵循写说明文的要求，把企业现有操作流程记录下来。但这还不够，因为现有的操作流程不一定合理，也不见得能指导未来。财务制度应在现有基础上拔高，写清楚今后的操作规范。这一过程在哲学上叫扬弃。基于这些要求，能写好一份财务制度的人起码应具备以下三个条件：

（1）了解企业的历史以及既往的运作流程，知道如何把财务制度写得接地气；

（2）是该制度所涉及领域的专家，知道各类法规的要求，了解业内的操作惯例，能把规范化的操作、可能出现的场景写进制度；

（3）要有较好的文笔，能把制度写得条分缕析，文字顺畅。

453. 财务制度建设的关键

企业是否有财务制度与企业是否存在管理风险是两回事。如果企业内控出了问题，原因主要在以下三个方面：

（1）企业没有财务制度，管理较为随意；

（2）企业有财务制度，但制度过于粗线条，执行过程中被人钻了空子；

（3）企业财务制度很完备，但制度执行没有监督与考核，大家把财务制度当成了儿戏。

企业要想加强内控建设，就应该从以上三个方面找出不足，该补则补，该细则细，该罚则罚。

454. 靠制度控制，而不是人治

如果一家企业有太多的内部协调高手，其制度建设可能一塌糊涂。企业内部运行的理想状态是 A 能办成的事，B 也能办成；A 办不了的事，B 也办不了。如果换一个情商高的人就能通融转圜，这不是制度控制，而是人治。一旦确定了财务制度，办事只应看是否符合既定规则。这样一来，一则有了清晰的判断标准，不需要办事人反复试错；再则，纲纪森严，员工不需要违心地讨好他人。

455. 起草制度的优先序

制度是内控要求的文字化，制度也可以被看作企业管理经验的积累。起草制度是一项非常严肃的工作，非有阅历者不能为之，非有才能者不能为之，非有好文笔者不能为之。企业编写制度时应坚持务实的原则，成熟的先写、急用的先写。制度起草不要追求完美，事情都在变化中，制度在执行过程中动态修订、逐步完善即可。

456. 怎么看财务制度

如果你到一家新企业，给你一份现行财务制度，你会看什么呢？建议如下：

一看财务制度的规定，知道该如何遵照制度办事；

二看这份财务制度与以前公司的财务制度有何差别，了解其特殊性与特色规定；

三看财务制度有无漏洞，看其能否被操纵；

四看财务制度背后的故事、文件出台的背景以及每项规定的

用意。

这四看，目的是既要知其然，也要知其不然，还要知其所以然。

457. 没制度不等于没内控

有没有制度与企业是否存在管理风险是两回事，二者虽有强关联性，但没制度并不必然导致风险的发生。没有制度，企业照样可以稳健运营；制度设计周密，企业管理也可能会失控。如果想让企业制度真正发挥作用，我们应就制度建设提出以下三问。

第一问，设计层面：有没有？没有制度等于对风险敞口，企业管理处于放任自流的状态。

第二问，执行层面：细不细？制度制定得不细，极易造成"上有政策、下有对策"的局面，员工有选择地规避制度约束。

第三问，考核层面：用不用？如果违反制度的行为得不到惩处，制度的严肃性会荡然无存。

三、面对内控，财务该怎么做

458. 为何财务部门总对其他部门不放心

财务部门为什么总对其他部门不放心呢？原因主要有以下三点：

（1）企业内控缺失或不完善，人治与经验主义盛行，财务工作处于末端，财务人员风险意识与责任意识爆棚；

（2）财务人员未抓住关键风险点，而是滥用谨慎性原则，为规避自身责任，无端地多设壁垒与门槛；

（3）财务部门在企业比较弱势，对企业经营决策参与度不够，不明内情。

459. 财务人员不能无视红线、底线

有位学员曾问我一个财务问题，我告诉了他答案。但我的回答显然不符合他的预期，他说："您说的是完全正规的方法，有没有什么独到的风险转移办法呢？"我回答："对不起，我没有那样的办法。正道而行，孰几无忧。"我这番话大概没能让他满意，他补了句，"财务完全合规的企业存在吗？如果秉承老师这样的原则，估计我要失业了。"不知为何，学员的这句话让我有种悲怆感，难道财务工作真要在高风险的钢丝绳上震荡吗？企业由小到大，一般会经历管理从不规范到规范的过程。如果企业当下的财务管理不规范，财务人员要做的应是剖陈厉害，说服企业负责人合法合规经营，并设法让财务管理逐步规范。又怎么能因为本企业的做法不规范，进而找普遍性，然后反证不规范有其合理性呢？更不可为、不当为的是，财务人员无视红线、底线，一心为了取悦企业负责人，纵容甚至配合企业负责人贯彻其私心杂念。财务人员倘若如此行事，岂不雪上加霜，更加剧企业财务管理的不规范了吗？

460. 由事后走到事前

财务工作不能总是专注于事后解决问题，否则，即便做得再好，也只会给人以亡羊补牢的感觉。如果能设法避免羊丢失，那不是更好吗！通过事前的有效预防，避免问题发生，代价会远低于事后解决问题。借助内控与财务制度流程建设，通过事前的筹划与预测，别让问题冒头，这是成本最低的管理方式，也是管理

会计的精髓所在。

461. 财务服务与财务监督的对立和统一

财务工作不好干，很大程度上是因为财务工作需同时履行服务职能与监督责任。服务与监督本是对立的，把对立的矛盾统一起来需要极高的智慧与情商，能做到这点是非常不容易的。过度强调监督，可能会把业务逼上梁山；一味地强调服务，放纵业务的随意性，又可能加剧企业经营风险。如果财务能将挑错思维转换为指路思维，在承认现实窘境的同时帮助业务合规，财务将更容易获得业务的尊重。能做到这一点，等于财务服务与财务监督由对立变为了统一。

462. 经济业务"四统一"

一项经济业务达成后，会计处理要力争做到"四统一"，即合同、发票、资金流向、物流保持一致，至少发票与资金流向要一致。"四统一"既是形式的要求，又是实质的体现，正道而行理该如此。做不到"四统一"，背后一般都有故事，故事讲不圆满，就成了事故。特别是对大额资金支出，更应严格要求"四统一"。

463. 集团财务管理的三种模式

会计核算是否独立是企业集团战略能否有效实施的关键。如果集团不能统一会计核算，不能完全掌控会计人员，子公司为应付绩效考核进行的短期操作就难以避免。考核越严厉，子公司的反弹就会越大，为应付考核造成的后果会越发严重。从这点看，财务集中管理是集团管理之魂，实现子公司如臂使指的执行力皆需仰仗于此。

从国际化企业集团的财务管控趋势看，集团财务管理有以下三种模式：

（1）财务人员集中管理，子公司不设财务部，财务集中在集团层面；

（2）财务施行垂直管理，子公司设财务部，但财务人员由集团招聘、考核；

（3）强化内审模式，子公司设独立的财务部，集团总部通过强化内部审计实现对子公司的财务管控。

464. 对子公司进行财务管控的手段

集团对子公司进行财务管控一般会采用以下三种手段：

（1）集团总部向子公司委派财务总监；

（2）集团财务部对子公司财务工作进行定期检查；

（3）集团审计部对子公司进行内审。

这三种手段都只是常规手段，更进一步的有资金集中管理，让子公司花每一分钱都要经总部审批；甚至执行财务集中管理制度，子公司不设财务部。

465. 大企业的利润是如何被吃掉的

大企业的利润被吃掉的主要原因如下：

（1）机构臃肿，人浮于事，大排场使得人均产出下降；

（2）痴迷靠广告抢市场，单恋市场扩张一枝花，巨额广告费最终成为鸡肋；

（3）激进促销，宽松的信用政策致使应收账款居高不下，一不留神就坏账成堆；

（4）信心爆棚，盲目投资与扩张，导致产能过剩或造成投资损失。

466. 腐败在会计中的表现

腐败在会计中的表现主要有以下五项。

（1）发票腐败：将个人费用装扮成职务消费报销，甚至开假发票报销。

（2）私分小金库：现金收入不入账，账外支配，把公款当成个人的钱袋子。

（3）吃回扣：高价采购，然后从供货方索取个人利益。

（4）收贿赂：贱卖企业资产，反过来从购买方获得好处。

（5）做假业绩获奖励：这种做法和贪污本质上有不同吗？

467. 大股东占用企业资金涉及的风险

大股东占用企业资金可能涉及以下三方面的风险。

（1）法律层面的风险。大股东抽走企业资金如果没有得到股东会的同意，很可能会被怀疑挪用企业资金或职务侵占，一旦落实，需要承担刑事责任。

（2）税务层面的风险。股东借款当年没有归还，且不能证明该款项是用于生产经营的，税务会将之视作分红征收个税。

（3）债务层面的风险。企业到期不能偿还债务，而大股东又占用企业大额资金的，债权人可以向法院提起诉讼，让大股东承担连带偿还责任。

468. 不开发票的收入带来的弊病

不开发票的收入易诱发偷税与私设小金库，具体表现如下：

（1）现金收入较多，收到款项后不入账；

（2）让客户转账到企业负责人或其指定人员的私户；

（3）虽然款项打进了企业账户，但长期挂在"预收账款"科目。

注意：上述（1）（2）属于尚未做账的情况，服务型企业操作时隐蔽性较高，有商品交付时则容易因商品出入库或成本结转露出破绽；（3）是和税务打时间差，一般拖不了太久。

469. 请款与报销是否需要重复审批

采购部门预付货款申请资金时，需走一轮审批程序。拿到发票后，做报销处理时，是否还需走审批程序呢？多数企业这两轮审批程序都不可省，都要完整地履行一遍。我们都清楚，申请资金与后面的发票报销是同一经济事项，两次审批实质是重复的。我建议，申请资金时已履行审批程序的，发票报销时不妨简化处理，无须重复审批。现在企业一般都有 OA 系统，在系统中可以设置两个不同的流程，在收到发票报销时不妨走简易审核流程，关联原请款流程即可。

470. 必须让总经理知道的资金支出

企业的哪些资金支出需要总经理签字确认呢？

（1）企业处于初创期，规模较小时，总经理"一支笔"签批不失为一种好办法。

（2）内控缺失或内控不健全时，总经理做最后的把关。

（3）没有实行预算管理的，总经理自行安排资金。

（4）超预算的资金支出或预算外资金支出，总经理拥有决定权。

（5）大额资金支出，总经理应亲自掌控。

（6）高管的费用报销。

471. 审查采购合同时的关注点

财务人员在审核采购合同时，关注点应放在以下几方面：

（1）采购额度是否在预算范围内，企业是否有足够的资金支付货款；

（2）合同审批流程是否完整；

（3）乙方的银行账户信息是否完整，有无付款时限；

（4）有无验收不合格时的退赔约定；

（5）有无约定开票时限与发票类型，开票信息是否完整。

注意：如果没有法务审核合同，财务人员还需要关注合同条款的合法合规性。

四、内部审计的重心

472. 业务、会计、审计三者的关系

会计核算是对业务真实性的监督，内部审计是对会计核算真实性的监督。会计核算形成财务数据，这些数据是进行财务管理的基石，会计核算与内部审计做实了，财务数据才是可信的，财务管理才能据此有效开展，并为业务决策提供支持。用一句话总结：业务制造数据，会计核算数据，审计监督数据，财务使用数据。

473. 如何树立内审的权威性

很多企业的内审部门地位尴尬，甚至成了务虚的部门。道理很简单，挑刺的总不如栽花的。内审人员下去做审计时，虽然大家都会客客气气，但背后嘀咕、抱怨免不了。想想也是，如果人家做得规范，内审过去就成了添麻烦。如果不挑出点问题不罢休，那就得细抠鸡毛蒜皮的事了。内审要立得住，还需要把握好度，直击痛点。内审部门树立权威主要取决于以下三点：

（1）隶属的层级，隶属层级越高，内审越超脱；

（2）独立性，内审部门在企业内不适宜搞 360 度评价，能评价内审部门的只能是其主管上级；

（3）一把手的垂范，一把手尊重内审结果，一碗水端平。

474. 内审部门的隶属关系

将内审部门置于企业治理结构中，可罗列出五种安排：

（1）向董事会 (长) 负责；

（2）向监事会负责；

（3）隶属于审计委员会；

（4）向总经理负责；

（5）向财务总监负责。

企业要想从制度上保证内审的权威性和独立性，对内审的"管辖权"和"执行权"进行改革是关键。如果内审的独立性是障碍，那么最彻底的办法是将内部审计外部化。

475. 内部审计的重心应前移

为什么需要做会计报表审计呢？因为会计报表不一定能反映

实情。财务人员不认真工作、能力水平不够，抑或与业务人员合谋，都可能导致报表不实。集团公司建立财务共享服务中心后，财务共享服务中心隔离了会计与业务，人工智能实现了记账自动化，此时还有必要针对会计报表进行审计吗？我认为不需要。今后的审计工作不应基于会计端，而应走到业务前端去。

我曾写过一篇有关华为公司财务管理的文章，其中有个论述，认为会计核算是对业务真实性的监督，内部审计是对会计核算的二次监督。有位华为公司同事发微信纠正我，他说华为公司的内审着力点早不是会计核算了，事实上关注会计核算已不足内审工作量的 5%，IFS（集成财务转型）改革后华为公司的内审方向已前置为业务合规性。

476. 内审只能做"点"的监控

任正非先生曾提道："审计是司法部队，关注'点'的问题；财务监控关注'线'的问题，与业务一同端到端地管理；道德遵从委员会，关注'面'的问题，持续营造良好的道德遵从环境，是建立一个'场'的监管。"财务是线上的监督，审计是对财务的再监督。因为成本收益原则，内审只能抽查，做"点"上的监督。正是因为审计监督不可能做到全覆盖，所以需要人的自律、需要企业文化的引导。

477. 技术革新会让内审由抽样变为全查

正如上述任总所讲，内审应关注"点"的问题。对任总所提到的"点"，我们应如何理解呢？基于成本原则，内审是以抽样结果推断整体情况。基于成本效率的考虑，目前内审还不能做到全面审计，否则就搞成第二财务部了。等到未来人工智能进入审计领域，全面审计有可能替代抽样审计，这将颠覆现有的审计理念。

478. 离任审计的尴尬

离任审计能起到应有的作用吗？企业一把手离任时，照例需要做离任审计。其目的有两个：

（1）对一把手履职期间的廉政情况进行评价；

（2）对一把手履职期间的经营成绩进行评价。

这两个目的一着重道德，二着重能力。实际上，在不少企业离任审计就是走过场，其结果既有下级的瞒报与遮掩，也有上级的招呼与定调。

会计闲谈——谈恋爱的机会成本与沉没成本

说说谈恋爱的机会成本与沉没成本。男孩追到了 A，不得不割舍 B，B 的可爱就是追到 A 的机会成本。机会成本告诉我们，追女孩时不能贪，鱼和熊掌不可兼得。因种种缘由，男孩未能与 A 步入婚姻殿堂，当初为追求 A 搭进去的时间、金钱已成追忆，这些就是沉没成本。沉没成本告诉我们，分手了，就别找后账。

第十三章

资本市场

资本市场是个神奇的地方，它可以让股东赚钱与企业盈利部分脱钩，即使企业亏损也不全然影响股东获益。资本市场看起来很美，但也有诸如华为、老干妈这样的企业避之不及。任正非在谈到华为公司不打算上市时表示，因为没有资本市场的约束与束缚，所以华为公司可以为了理想和目标"傻投入"，可以拒绝短视和机会主义。这一对企业上市弊端的论述十分深刻。

一、IPO、上市与挂牌新三板

479. 企业上市的好处

企业上市的好处是什么？从企业角度看，可以获得低成本资金（很多人都认为股市里募集来的钱是低成本资金），提升企业的知名度与影响力；从个人角度看，上市可以让企业创始股东的财富实现爆炸式增长。对创始人而言，上市既实现了个人财富的增长，又实现了对企业控制财富的增长。于公于私，公司上市可让创始股东双向获益。这大概是无数企业前赴后继做IPO的主要原因。

480. 上市是手段，不是目的

很多小企业创业者都想让企业做 IPO，都想让企业上市，并且动不动就信口表达这一愿望，可他们的企业却始终做不大。原因在于，他们把创业的目的搞错位了。上市不过是做大企业的手段，若将之物化成目的，那就是十足的圈钱了。以圈钱为目的去创业，体现的不过是小生意人的精明，这样的创业者欠缺起码的格局。创业者若没有大的格局，企业则难以独步天下。

481. 股东两种收益观的会计解读

以下是对股东两种收益观进行的会计解读。

第一种，把企业包装好，找风投或进行上市融资。这种收益观瞄准的是资本增值，目的是为股权估个好价，股东更关注商誉。

第二种，把企业经营好，如同指望母鸡下蛋，股东期待每年都能分红。这种收益观瞄准的是现金流量与利润。股东要想分享经营成果，企业光有利润是不够的，要赚钱才行。

482. 上市公司财务问题的研究方向

上市公司的财务问题一直都是财务领域研究的重点和热点，研究一般聚焦在以下五个方面：

（1）上市公司的盈余管理；

（2）上市公司的关联交易；

（3）上市公司 IPO 后变脸的问题；

（4）上市公司的审计意见；

（5）上市公司的真实业绩评价。

如果你要写关于上市公司财务问题的论文，一定要聚焦，不要写得太空泛，否则很难写出新意。

483. 紧盯上市公司圈钱后的用途和使用效益

企业上市融资的目的本应是扩大或改善经营。但不少上市公司圈钱后却花不出去。这说明钱圈多了，也意味着股权被过度稀释。如果控股股东对企业前景充满信心，那么更应该在意股权。不惜多稀释股权而圈钱，等于暴露了控股股东的心虚。紧盯上市公司圈钱后的用途和使用效益，能让人看清这家企业的发展前景。

484. 上市公司真实会计信息的需求者

上市公司会计信息的需求群体很多，因利益诉求不同，对会计信息质量的要求也不同。具体而言，绝非所有信息需求群体都热衷于真实的会计信息。外部大股东、独立董事、企业咨询顾问、债权人、非投机的投资者、潜在投资者、潜在债权人、企业客户、合作伙伴和竞争对手才是上市公司真实会计信息的需求者。

485. 股市"铁公鸡"的无奈

股市"铁公鸡"很多，大家普遍反感上市公司盈利了但不分红。其实，"铁公鸡"也有无奈，盈利不等于赚钱啊！盈利指会计账面有利润，企业把商品高价卖出就有利润，卖出后收到货款才敢说赚钱了。只有卖了货、收了款、赚了钱，企业才有能力分红。大家观察下股市"铁公鸡"吧，看看是不是应收账款一大堆，只有利润不赚钱！

486. 何谓老鼠仓

老鼠仓是股市专业术语，名称源自《诗经》名句"硕鼠硕鼠，无食我黍"。老鼠仓本质是内部人损公肥私，具体操作是内部人在得知单位公有资金将买入某只股票后，预先用自有资金或亲属的资金在低位建仓，待到公有资金入场拉升股价后，个人仓位率先卖出获利。老鼠仓和内幕消息紧密联系，有较大的隐蔽性。

487. 想要挂牌后不后悔，先纠正心态

新三板挂牌的目的是什么？如果企业负责人没想明白，那么就算挂牌成功，结果也会令人后悔。不知何时传出消息，新三板的壳至少值 2 000 万元，此消息误导了很多企业负责人。付出 200 万元的中介费、数百万元的规范化成本，挂牌的结果可能只是产生一个名义上的公众公司，此皆三观不正之过。挂牌新三板，应秉持的心态是加强规范、增进信心、提升形象。

488. 财务合规性的三大"拦路虎"

民营企业上新三板，财务合规性的三个"拦路虎"为：

（1）收入没有全额入账，这涉及偷税漏税的问题；

（2）企业资金与大股东个人资金或关联企业资金混用；

（3）员工社保、住房公积金缴纳不规范。

企业要做合规性改造，一要大把撒钱补税，把收入、利润做进利润表；二要大把撒钱给员工补交社保、住房公积金；三要大股东还钱给企业。

489. IPO 财务规范化要补交的三大类税

某公司在 IPO 审核前夕，原财务负责人以公司曾偷税为由对公司负责人进行巨额敲诈。公司报案，原财务负责人获刑。这大概是我见过的最愚蠢的财务负责人了。公司负责人不傻，人性欲壑难填，他会担心反复被敲诈。既然有此顾虑，公司负责人宁可把税补上，也不会屈从敲诈。

IPO 财务规范化，公司往往要补交以下三大类税：

（1）流转税，主要因公司收入不入账，钱直接打进个人账户造成，一旦要凑收入的数，增值税、附加税都要补上；

（2）企业所得税，主要因前期收入未全额入账造成，以及因白条费用做的纳税调整造成；

（3）个人所得税，股东从企业拿走钱，不想还回来，只得当分红补个税。

二、债权融资

490. 企业如何融资

对于企业融资，银行和金融机构要考虑自身风险，不可能把资金错配给风险高的客户；民间借贷也是救急不救穷。信用、风险、抵押，企业是要凭实力说话的，没有实力，就不能抱怨借不到钱。

企业融资先要看资产硬不硬，有硬资产应优先做债权融资。硬资产莫过于房产与地产，有这两样，可大大方方找银行申请抵押贷款。如果设备过硬，可以转着弯做融资租赁。在流动资产中，若应收账款可确权，也有办法融资，可进行商业保理。如果企业资产不硬，但商业模式好，不妨做股权融资。

491. 债务杠杆与债务风险

从长远看，股权融资的成本远高于债权融资，理论上能通过债权融资解决的资金问题，就不要考虑股权融资。可现实情况是，受制于抵押与担保，企业不见得有债权融资的能力。另外，债权融资是有限度的，不能超出企业的偿债能力。做个总结吧，一方面，企业要用好债务杠杆；另一方面，企业要防范债务风险。

492. 企业贷款不容易

银行惜贷，缺钱的企业着急了，用尽各种办法借钱。其中，有的房地产开发商较为极端，年化利率 30%~40% 的民间高息借贷都敢要，让人感觉其在拼死一搏。而根据税务规定，民间高息借贷利率超过银行同期贷款的部分不允许在企业所得税税前扣除，房地产开发商支付给个人的利息还要代扣代缴个税。

三、引入风投

493. 风投如何选择投资项目

风投如何选择投资项目？且看以下三个核心投资标准：
（1）技术先进，模式创新，代表先进技术的发展方向；
（2）市场前景广阔，代表广大市场的需求；
（3）管理团队讲诚信、综合素质高，代表股东的根本利益。
总体而言，企业有没有投资价值，要看技术（模式）、市场和管理（团队）三个维度是否都吸引人，缺一不可。

494. 风投资金最佳的入场时机

一个好的创业点子就能收获几千万、几亿，甚至数十亿的风投资金。资金这么容易进账，创业者难免会膨胀、飘飘然。这时，企业的权力制衡、风险控制、预算管理都会被创业者抛诸脑后，仿佛自己此刻就代表了真理。风投可以助力一个企业的成长，也可以加速一个企业的灭亡。我觉得风投介入的最佳时点是，企业自身已隐约形成盈利模式，但需借助风投的资金，迅速锁定与复制这个盈利模式。

495. 投资"三看"

一家企业值不值得投资，主要看以下三点。

第一点，看人，看这家企业的创始人以及它的核心团队靠不靠谱，特别是看创始人有没有务实的精神，有没有利益分享的意识。

第二点，看产品，看产品有没有亮点，有没有特色，产品质量是否过关。

第三点，看商业模式，看企业是如何把产品推向市场的，看企业是如何让产品得到消费者认可的，看市场有没有"天花板"。

496. 想引入风投，保持控股地位是关键

创始人如果想引入风投，一定要构建好股权结构，直白地讲，就是创始人要绝对控股。初创企业从引入风投到IPO，中间可能要经过几轮融资，如创始人过早失去控股地位，后面的风投可能就止步了。最后一轮风投进入前，创始人的控股地位最好不

要变。站在风投的立场，看项目只是一方面，更主要的是看人，看创始人。

497. 人和团队是风投最为看重的核心资产

风投所看重的人和团队的价值并不体现在资产负债表上，但它们客观存在。这份价值是企业的无形资产。等到风投的资金进入，资金一部分记作股本，另一部分视为股权溢价，记作资本公积。人和团队的价值依旧没能体现在会计报表上，他们仍是账外的优质资产，这就能解释风投为何喜欢跟投了。

498. 何为对赌协议

何为对赌协议？通俗来讲，就是风投对初创企业的发展前景拿捏不准，但隐约又觉得创始人说得有道理，就想赌一把；然而，风投还不放心，掏钱的同时再约定个"秋后算账"条款。创始人如果接受此条款，也算一次豪赌。因为两边都在赌，所以叫对赌。对赌协议常见的一个约定是，如果创始人没完成当初预定的业绩目标，那么要无偿转让自己的一部分股权给风投。

499. 风投眼里的资产流动性

风投如何看资产的流动性？东方富海投资公司的董事长陈玮先生曾说："一般情况下，流动性越强的企业，其财务弹性与盈利能力越好；利润来自流动资产的流动，而不是固定资产的折旧。因此，对资产规模大、流动性低的企业，风投应格外小心。"不妨再深入一步，要格外关注存货的流动性，存货规模与毛利率的高低往往是流动性的关键。

500. 关注财务"硬"指标

风投要多关注财务"硬"指标。什么指标才算硬呢？就是花钱的数据。例如，通过工资表判断企业的人才竞争优势，通过水电费判断企业的生产能力，通过运费判断企业的销售能力，通过应付账款账期判断企业在供应商眼里的信誉，通过实缴税费判断企业的收入规模和盈利能力。

501. 企业切忌闭眼过独木桥

如果企业某产品或服务一年能带来 1 000 万元的利润，那么该产品线或服务模式大概可估值 1 亿元。但若这 1 000 万元的收入只是由一个客户带来的，这时企业的估值就要大打折扣了。单一客户是 IPO 的大忌，这样的企业很危险，好比闭眼过独木桥，迟早会失足落水。小企业为了做精，产品可以单一化，但客户要多元化。

502. 互联网企业找投资需要先有盈利模式

互联网企业要想获得投资，就要转变观念。以前通过讲故事就能从风投那里拿到钱，承诺往往是口头的：只要钱到位了，就能做出好产品，创造出利润。边烧钱，边做产品，边找盈利模式，事实证明此路越来越难走。未来可能需要互联网企业先有盈利能力，能够自给自足，然后才可能获得投资。因此，企业的盈利模式必须先行。

四、经济环境与财务管理

503. 500 强企业的排名

500 强企业的排名依据主要是年度销售收入。这个依据存在很大问题，如商贸企业的销售收入与生产制造型企业的销售收入就不是一回事。有些企业为了能进 500 强，在主业之外会通过做贸易给收入规模注水，这样张罗出来的收入是没有含金量的。因此，有些 500 强企业是名不副实的，充其量只是 500 大，而且还可能是虚大。

504. 市场寒冬的剩者

在市场凛冽的寒冬，一定会有一批企业倒下去，首先倒下去的必然是亏损且资金储备不充分的企业；其次是管理粗放，应收账款与存货一大堆的企业；再次是决策失误、逆势扩张，重资产运营，又舍不得割肉的企业；最后是运营成本高、产品毛利不高的企业，因为它们经不起一轮又一轮的降价竞争。如此淘汰下来，最终能活下来的企业自然是有危机意识、有资金储备、有盈利能力、有规范管理制度的企业。

505. 从大肆扩张到聚焦利润与现金流

在市场行情看好时，企业为了取得更高的市场占有率而追求扩张，抢占市场份额，牺牲一点利润是值得的。但在市场低迷时，企业盈利能力必然受限，跑马圈地式的扩张策略很可能会拖累企业，盈利能力不强的产品和市场搞不好就成了企业不堪承受之重。这个时候，企业的扩张策略就要改变，以往粗放式的发展模式要及时摒弃，放弃销量不高的市场，多关注"丰产田"，这等于给自己卸下了担子。多关注利润，多聚焦现金流，目的是让企业挺过艰难时期。企业固然要赢得未来，但赢得未来的前提是现在要活下去，如果不能活下去，未来市场再好，又与自己有什么关系呢？

506. 有些制造型企业为何活得这么难

有些制造型企业为何活得这么难？根本原因在于其产品没有特色，没有吸引消费者的独到之处。因为生产过剩，企业要把产品卖出去，价格上让利就成了普遍选择，追求成本最低成了很多企业管理的出发点。个别企业为了降成本，做血汗工厂、以次充好、偷税漏税，无所不用其极，最后的结果只能是在低质量、低价格、低利润的怪圈中挣扎，企业负责人甚至可能因违法违规受到制裁。

507. 创业之难在于寻找需求并匹配供给

我身边好多人都想创业，他们都能说清楚自己会做什么，能做好什么。但光清楚这些离创业的要求还差很远。这仅仅是解决了供给问题，难的是要解决需求问题。能否找到真正需要自己供给的对象，能否说服他们和自己签单？做到了，才算构建了商业模式。找到需求，并让需求与供给匹配，足以难倒90%的创业者。

508. 让市场决定企业的存亡

民营企业从银行贷款，如果经营困难，能债转股吗？可能性不大。优胜劣汰是再正常不过的市场逻辑。但有的企业很特殊，经营乏善可陈，却总能在危急关头得到续命仙丹，这是否有违市场公平竞争的原则呢？债转股可续命，却不能改变这些企业缺乏市场竞争力的现实。与其这样，不如痛痛快快地让市场决定企业的存亡。

509. 并购的故事

我讲个并购的故事。一家大型企业集团在十多年前为实现快速做大，并购了十多家商贸企业，几年后负面效应显现，消化潜亏、裁减冗员、削除山头，这家企业集团付出了沉重代价，最终却未取得销售上的突破。此次并购无疑失败了，总经理也因此而下台。十年后，故事发生逆转，当年被并购的企业带进来的土地与办公楼大幅升值，这让该集团狠赚了一笔。

510. 商业谈判的精髓在于互惠互利与双赢思维

商业谈判一定要互惠互利，如果某一方因为自己的强势地位一味打压另一方，即便合约谈成了，我相信合作也不会持久。弱小的一方因为要生存不得不接受苛刻的条件，忍让的同时一定会寻求新的商机或新的合作伙伴。互惠互利与双赢思维是长久合作的前提。有时懂得进只是体现生意人的精明，懂得让才是企业家的智慧。

511. 创业者的冒险

创办企业肯定是要冒险的，因为没有哪种生意笃定赚钱。但生意场上的冒险不等于赌博，它是创业者基于一定的推理做出的理性选择。一般而言，企业规模小的时候，创业者更乐意冒险，原因有两点：一是企业资源有限，等不起、耗不起，只能搏一把；二是反正企业规模小，就算输了损失也不大。反倒是企业做大后，有些企业家就不敢冒险了，大企业强调内控，企业家们宁可降低效率与收益率，也不愿意剑走偏锋搏高收益。可以这样说，一个没有冒险精神的人是不适合创业的，但若创业成功后不知道收敛自己的冒险行为，这样的人创办的企业也很难做长久。

会计闲谈——婚姻无疑是两个公司的合并

　　如果把饮食男女视同公司，婚姻无疑是两个公司的合并。合并的目的是通过资源互补、文化互补做大做强，然后成立子公司，实现集团化运作。如果这个集团能成立三级子公司，那就牛了，这是令人羡慕的"四世同堂"。可惜的是，并非所有的婚姻都会按这个理念经营，商界大亨们的婚姻失败，就赋予了婚姻资产重组新的内涵。

第十四章

财务预算

　　预算是对计划的量化与细化，计划如何确立则由企业战略牵引。许多会计人面对预算，往往存在三"不"忧虑：不会、不准、不用。"不会"是因为知识储备不足、经验积累不够；"不准"是因为对业务吃不透，预算基础脱离实际；"不用"则是把预算当成了应付上级的任务。还有一些会计人觉得预算没有用，很大原因是对预算期望值过高。预算作为管理工具，落到实处需要时间消化，也需要企业负责人的认同与推动。

一、预算的原则与理念

512. 计划、预算、预测的区别与联系

　　计划、预算、预测，三者的区别与联系是什么呢？计划一般针对事项与活动，多用描述性语言，说明是否做、何时做，如"明年计划开拓华东市场"。预算则是计划的量化与细化，将计划数字化，如"投入人力成本 300 万元、宣传费用 1 000 万元开拓华东市场"。一般先有经营计划，后有财务预算。预测是经济活动进行一段时间后对结果的预估。

513. 计划与预算的关系

任正非曾说："计划是龙头，制订计划的人一定要明白业务。地区部要成立计划、预算与核算部，要让明白业务的人来领导。只有计划做好了，后面的预算才有依据，并通过核算来修正、考核计划与预算。"计划是方向、预算是量化、核算是校验，三者互相促进，其关键点是做计划的人要懂业务。

514. 预算与预测的区别

预算与预测有何不同？先看它们的相同点。二者都是对未来的估量，从这个角度看，二者是一样的，可通用。区别在于，预算与预测做出的时间点不一样。预算往往在一项经济业务开展之前就要做出，它是零起点。预测则不同，它需要在经济事项已开展一段时间后再做出，是半路出家。预测也可被看作是半实际、半预算。

515. 关于预算的俗语

说起预算，有些俗语不得不提。

（1）"预则立，不预则废。"这句话说明了做预算的重要性。

（2）"看菜吃饭，量体裁衣。"企业做预算时分配资源是要受到现实限制的。

（3）"量入为出。"与上一条意思差不多，企业做预算要考虑资源的稀缺性。

（4）"自上而下与自下而上。"预算编制的过程要具有互动性。

（5）"时间过半，进度过半。"这句话是对预算进度控制的形象描述。

516. 面试时提出的预算问题

当年我应聘华为公司预算管理岗位，参加面试时，主考官问了个"刁钻"的问题："预算会带来决策上的低效，为什么还要做预算呢？"我回答时没有讲理论，只是打了个比方："当我们来到一个陌生的城市，最好先买一份地图，这份地图不见得能快速地指引我们到达目的地，但至少不会偏离大的方向。"

517. 五方面吃透全面预算管理的"全面"

理解全面预算管理的"全面"二字，可从以下五方面着眼。

（1）经济事项全面：企业的全部经济事项应纳入预算管理。

（2）业务单元全面：企业的所有部门、单位都应纳入预算管理。

（3）参与人员全面：企业应全员参与预算管理。

（4）整体过程全面：预算编制、执行、调整、考核过程完备。

（5）数据期限全面：按月编制，年度汇总。

518. 预算能否起作用需从会计核算说起

为确保预算能起作用，会计核算应做到以下几点：

（1）归属清晰，科目分类明确，预算科目能与会计核算科目相对应，以便未来执行预算分析与绩效考核；

（2）历史数据应方便提取，相关财务比率可以对标，历史数据可作为预算编制时的参照物；

（3）未来预算考核谁，该预算支出的审批权就应属于谁，责与权需要统一，资金支出审批也要与此对应。

519. 财务预算与会计核算的四个统一

财务预算与会计核算最好实现四个统一：
（1）预算科目与会计科目相统一；
（2）预算单位与核算软件里的部门设置相统一；
（3）预算分期与会计分期相统一；
（4）预算结果输出形式与会计报表形式相统一。

做到这四个统一，便于企业进行财务预算与会计核算的对比分析。但前提是会计核算要贴近业务、适应业务，真实地反映业务。

520. 会计人员做好财务预算的诀窍

会计人员编制财务预算，应先对会计核算精熟。编制预算的过程实际也是会计核算集中预演的过程，每一笔预算留痕必然会体现在会计科目上，在做预算的过程中，虽然不需要一笔笔编制会计分录，但会计人员心中要存有分录，并能根据心中的分录生成预算报表。从这点看，能做财务预算的会计人员需具备足够的专业敏感性。

521. 基于企业"惯例"编制预算

编制预算时一般需要基于企业"惯例"进行推演。例如，采购原材料后根据付款时限确定现金预算，根据材料成本占收入的比重确定采购预算，根据利润额度确定员工年终奖预算。所有这些"惯例"可视作企业标准化运作的必然结果。惯例体现的是趋势，惯例越多，管理规范性越高，预算就越好做，准确度也越高。

522. 认清财务在预算工作中的位置

财务预算该由谁来做？不少人觉得理所应当是财务部。如果真这么想就麻烦了：一是高估了财务部的能力，包括领导能力、组织能力和协调能力；二是在未来预算调整与考核时会把财务部架到火上烤。编制预算时，财务部是组织者和数据汇总者，它不是决策者，也非执行者。只有认清了角色，财务部在做预算时才会不错位、不越位。

523. 如何让预算起作用

如何让预算起作用？企业应做到以下五点：

（1）企业领导要重视并率先垂范，这是前提；

（2）预算编制需要全员参与，而非财务人员闭门造车，基础数据要接地气；

（3）预算执行时财务部要有足够的权威，对预算支出能刚性约束；

（4）市场出现重大变化时，及时调整预算，避免预算与实际脱节；

（5）期末要做考核并兑现奖惩。

524. 做准预算的先决条件是什么

预算能做准吗？这取决于两个先决条件：

（1）经济事项是否为确定性事项；

（2）是否有经验数据做参考。

例如，装修房屋时，把装修费预算做准大概不会太难。房屋面积是确定的，只要把装修风格、装修档次确定下来，装修公司就可以把装修材料、装修工时确定下来，材料价格与装修工人的劳务费基本是确定的，装修费预算自然能做准。

525. 编制预算要先厘清内部组织结构

企业做预算时，必须先做到内部组织结构清晰，理由如下：

（1）企业只有组织结构清晰，财务才能准确归集成本费用，财务数据才有参考价值；

（2）组织结构清晰，可实现预算的编制与会计核算要求相一致，方便对预算过程进行监控；

（3）清晰的组织结构可以划清责任单元，明确资源该分配给谁，谁应对考核结果负责。

526. 编制预算还需未雨绸缪

企业编制预算应未雨绸缪，考虑未来预算执行、控制、考核的便利，因此要提早做出相应规划。企业编制预算时需要谨记以下理念：

（1）经营计划先行；

（2）内部组织结构清晰；

（3）经营逻辑清晰；

（4）预算科目与会计科目一致；

（5）数据维度完整；

（6）量入为出要有前提；

（7）自上而下与自下而上相结合；

（8）模板化输出。

527. 预算的作用与实施局限

企业都希望预算能起到以下几点作用：

（1）量入为出，合理配置资源，避免资金链断裂；

（2）降本增效，卡住成本费用报销的关口，杜绝铺张浪费；

（3）绩效考核，特别是对利润中心而言，有了预算就有了参照物，可以据此制定 KPI 考核目标。

但是，预算要真正成为管理工具，很难一蹴而就，一方面受限于会计核算，另一方面受限于财务不懂业务。

528. 预算的两面性

预算有没有用，有什么用？对此说法不一。预算有它的两面性：一方面，因为计划赶不上变化，预算约束可能导致机会丧失或资源浪费；另一方面，因量入为出，预算可避免企业因错误决策而一条道走到黑。因此，企业越是资金充裕，越应重视预算，提防过度扩张跌入富贵陷阱。

529. 从"六出祁山"看预算的重要性

诸葛亮六出祁山都是如何失败的呢？一出，错用马谡致失街亭；二出，粮草不济；三出，后主中了反间计；四出，诸葛亮患病；五出，李严因粮草供应不济谎报东吴来犯；六出，诸葛亮病死五丈原。在六出祁山的全过程中，二出与五出都是仓促上马，连基本的军需预算都没有，如此运筹帷幄，焉能不败？

预算做不好可关乎企业生死，还可关乎战争胜负。诸葛亮六出祁山无功而返，一个重要原因是他没有做好预算，两次出征都困于粮草，不得不自行撤军。几万人马，平均每人每天耗粮几何，征战预计多久，有这些预估，就能做出粮草预算。可见，统帅做不好预算要累死三军啊！

530. 资金充裕更需做好预算

资金紧张的企业与资金充裕的企业，谁更需要做好预算呢？很多人会说："当然是资金紧张的企业啊！钱少才要规划好了再花，不能花冤枉钱。"我的看法恰恰相反，资金充裕的企业更应关注预算，因为钱多乱花的可能性更大。钱少时，一眼就能看出轻重缓急；钱多了，盲目扩张往往会迷住人的双眼。企业做预算的主要目的是限制当下，确保将来。

531. 预算成为管理工具需要足够长的时间

有些人觉得预算没有用，很大原因是对预算期望值过高。预算作为管理工具，落到实处需要时间消化。

第一年，能把预算的理念贯彻下去，就不错了。

第二年，能让预算成为费用控制的工具，就算成功。

第三年，尽量把预算纳入考核。

第四年，让预算成为资源配置的牵引工具。

第五年，预算可以成为驾轻就熟的管理工具了。

532. 编制预算，功夫在课堂之外

学校老师教会了大家做预算，到了企业大多数人却认为预算没有用。老师教的知识并没有错，但他们难以教你怎样让企业负责人重视预算、怎样让业务认可预算。倘若会计人员不能成功地驾驭预算，不能把预算作为工具让全员接受，再精准的预算编制方案又有何用呢？学校里学的知识是有用的，前提是你先要懂得

如何去用。

二、预算编制的要点与难点

533. 集团企业如何做年度预算

集团企业一般在每年 10 月启动下年度预算编制工作。工作开展前有几场会议少不了：

（1）预算启动会，子（分）公司财务总监参加；

（2）下年度经营规划会议，子（分）公司总经理与财务总监参加；

（3）预算模板与预算口径说明会，子（分）公司财务总监、财务经理参加；

（4）子（分）公司组织预算工作布置会，子（分）公司部门负责人参加。

534. 企业不同发展阶段预算编制的侧重点

企业发展阶段不同，预算编制的侧重点应不同：

（1）创业期，侧重资本预算，企业活下来是最关键的；

（2）市场拓展期，侧重销售预算，全力抢占市场，加大对市场的资源配置；

（3）平稳期，侧重成本预算，此时市场格局稳定，企业应追求精益管理，实现成本领先；

（4）衰退期，侧重现金流量预算，此时需要收缩战线，回笼资金。

535. 预算为什么做不准

企业预算做不准主要有以下几点原因：

（1）企业业务没有定型，市场处于打游击的状态；

（2）市场格局出现大的起落，企业事先没能预测出这种趋势；

（3）组织架构、核心产品进行了重大调整，没有历史数据做参考；

（4）关键财务数据由上级拍板定夺，预算据此编制，不幸的是上级拍板的数据严重脱离实际；

（5）经营层有意打埋伏，让预算更宽松；

（6）预算博弈一方比较弱势。

预算不准是常态，但对预算结果要有考核，相关负责人要对预算不准承担责任。

536. 用确定的规则应对不确定的市场

做预算的精髓应该是用确定的规则去应对不确定的市场。对于市场的变化、政策的变化，作为个体的企业是没有办法完全把握的。但企业应该总结应对市场变化和政策变化的规律，收集可供参考的基线数据，如人工成本率、变动成本率、材料成本率等。有了清晰的规则，企业就可以根据市场变化调整预算，随时纠偏。

537. 如何设计预算模板

预算模板该如何设计？首先要做到"傻瓜化"，让填写人一眼就明了设计者的意图；其次要固化，格式固化可减少汇总难度与工作量；再次要明细化，鉴于汇总后取数需要，设计模板时要尽可能考虑归集部门、产品线、区域、月度等多维度的数据；最后要实现智能化，模板应做得像小程序一样，能运算，可提醒。

538. 预算的起点

预算的起点是什么？很多人立马会说是销售预算。的确，教科书上是这样讲的。但你要知道，以销售为预算起点，是针对完全竞争市场上的企业而言的。如果企业不是处于完全竞争市场，预算的起点就应变化。如果产品特别牛，预算可以以生产为起点。如果企业追求市场占有率，预算可以以资金为起点。如果企业处于垄断地位，预算可以以利润为起点。

539. 如何确定销售目标

如何把下年的销售目标定合理呢？某世界 500 强企业会综合考虑企业前三年的复合增长率与主要竞争对手上年的收入增长率，下年的销售目标要同时做到两个不低于：

第一，下年销售收入增长不低于企业既往三年的复合增长率；

第二，下年销售收入增长率不低于主要竞争对手销售收入的上年增长率。

做到这两个"不低于"，既可以保证企业有较强的进取意识，也可以保证收入目标不虚高、不脱离实际。

540. 支出预算的编制悖论

编制预算时支出预算如何确定？你可能马上会回答："量入为出啊！"这个回答对，但不全对。若是成本费用中心，量入为出地规划支出预算是对的。但利润中心呢，支出可能创造收入。到底该量入为出，还是量出为入，这有点像先有鸡还是先有蛋的辩论。华为公司利润中心对支出预算秉持的原则是：看支出是否有利于潜力与效益的增长。

541. 费用预算与业务的关联性

企业编制费用预算时，先要区分费用科目的性态，看费用科目是否与企业业务相关联。直白点说，就是看费用是否随企业销售规模的变化而变化。如果费用科目与企业的业务关联度高，那么该费用科目应该做成弹性预算；如果费用科目与企业业务的关联度低，那么该费用科目适宜做成固定预算。弹性预算控制费用比率，固定预算控制费用总额。

542. 费用预算不能盲目"量入为出"

费用预算该怎么做？最质朴的表述是"量入为出"。对于可基本确定的"入"与"出"，预算编制是很容易的。难就难在以下两点。

（1）收入不可确定，支出不可预计，因没有经验数据，预算只能凭主观臆断。

（2）收入与支出唇齿相依，互为依存；因为有了某项支出，才会有相应的收入，这种情形等于颠覆了"量入为出"的逻辑。

543. 费用预算编制的常见模式

费用预算编制的常见模式如下。

（1）各部门编制自己的预算。这种模式适用于通用性的费用预算，如交通费、办公用品费及招待费等的预算。

（2）各部门提出预算需求，由某一部门总括预算。这种模式适用于专项费用预算，如人力资源部负责各部门的培训预算。

（3）由某一部门直接做全公司的费用预算。这种模式适用于折旧、摊销等费用预算。

544. 费用预算应由谁来做

费用预算应按类别编制，具体如下：

（1）一般性费用预算由受益部门编制，财务部汇总，如市内交通费与业务招待费预算；

（2）薪酬类费用预算由人力资源部统一编制；

（3）对象化费用预算由归口管理部门统一编制，受益部门确认，如员工培训费预算由人力资源部编制，办公用品费预算由行政部编制；

（4）摊折类费用预算由财务部统一编制，常用费用科目如"固定资产折旧""无形资产摊销"及"长期待摊费用摊销"。

545. 办公类资产的预算约束

办公类资产有的可用于个人消费，如小轿车、笔记本电脑、摄影机、照相机、镜头、投影仪、移动硬盘、U盘等，这类资产无疑是敏感性资产。有的集团公司在做年度预算时，明令下属单位无正当理由不许申报敏感性资产的预算，此类资产的采购必须"一事一议"，单独报总部审批。这种预算约束有点类似限制"三公"消费的举措。

546. 一招做好市场推广费预算

市场推广费怎么做预算？如果让市场部做，他们一定会把预算做得很高，到时钱能花得痛快！如果让财务部做，财务人员会压缩预算，但难免遭到诘难：钱没花到位，影响市场拓展怎么办？这一问，没经验的财务人员估计会慌乱，怎么答复都不妥当。我的建议是，不要答复，直接问花的钱能带来多少增量销售，能否对此签署责任状。

547. 深挖市场推广手段潜力

市场推广费何时可以花？为开拓市场，可选择的推广手段有很多，如广告宣传、打折促销、送代金券、办卡送礼等，但此类手段都以付费或减收为代价。在批准市场推广预算前，需要优先考虑不用花钱的市场推广手段是否已经用尽，是否已挖掘出它们的全部潜力。企业要优先使用免费的市场推广手段，然后再考虑使用付费手段。

548. 研发费、广告费预算的风险点

研发费、广告费怎么做预算？高了怕企业承担不起，低了又怕影响未来的市场格局。其实没有谁能准确预估企业究竟应投入多少资金去做研发与广告。企业做这两项预算的大体思路是"钱多就多花，钱少就少花"。这样讲并不严肃，也不好操作，于是一些大企业将之量化为：收入的 10% 做研发预算，5% 做广告预算。但这样做存在风险，以研发预算为例，第一，按照营业收入比例固化研发预算会成为硬约束，当利润增长低于收入增长时，可能会导致企业利润与现金流更为紧张；第二，当营业收入增幅较大时，会导致研发投入过度，造成浪费。

549. 资金紧张时做预算要懂得取舍

企业资金紧张时做预算要懂得取舍。预算的本质是预演资源分配。资源永远都是有限的，如果企业同时做太多的事情，很可能每件事都会在做完前面临资金链断裂的困局，功败垂成大概是最无奈的心痛。无数企业当年扩张后的失败就缘于此端，今天仍有很多企业亦步亦趋地走向了这条不归路。以收定支，尊重这个基本规律吧！

550. 由谁决定预算的优先级

做预算时，各部门都想抢资源，都强调自己的项目不可或缺，这时财务总监该如何应对？无疑，抢资源就是抢权利、抢利益，财务总监并不适宜孤身出面干预。决定预算的优先级只能仰仗总经理、董事会，由统筹全局者根据企业战略分配资源，决定做什么，不做什么；优先做什么，延后做什么。

三、预算的执行与考核

551. 预算指标完成得不好是否需要调整

预算指标完成得不好需要调整吗？这要先分析具体原因，然后根据原因决定是否做出调整：

第一，当预算指标不尽合理，制定时脱离实际，或执行时市场出现了重大变化，因客观原因导致预算指标完成不理想时，企业应及时调整预算；

第二，如果是预算执行不到位，当出现这种情况时，企业不宜随便调整预算，而是要考虑调整执行预算的人。

552. 预算的调整与考核

预算调整后，对预算单位负责人的绩效考核应以调整前的预算为依据，还是以调整后的预算为依据呢？计划总是赶不上变化，因此调整预算会是预算管理的常态。如果市场没有出现重大变化，组织机构未进行重大调整，那么绩效考核的依据应该是调整前的预算目标。调整后的预算有什么用呢？主要用于过程控制，后续预算执行应以调整后的预算为主。一言以蔽之，考核用调整前的，执行用调整后的。

553. 没有考核相配合，预算将成为空文

预算不与考核相配合，注定会成为空文。预算考核的目的有两个：

一是评估事情的进度，就像老话说的"预算过半，进度过半"，随时纠偏；

二是预防浪费，做到精打细算，在框定的额度内完成工作。

企业要实现这两个目的，过程考核与结果考核不可偏废。如果没有考核，预算有可能出现抢资源时狮子大开口、出问题时推卸责任的情况。

554. 预算是否接地气与是否有考核互为因果

为什么有些人觉得做预算没用，原因主要有两点：

（1）预算编制的基础不接地气，不可弹性执行；

（2）预算没有结合考核，超不超、准不准无所谓。

有了第一点，出现第二点是必然的。同样，有了第二点，会倒过来导致第一点。预算的本质是各部门争夺资源的配置，配置

得多，责任就大。如果没有考核，又怎么约束多占多要呢？

555. 削减预算的逻辑

预算确立之后，因出现经营计划调整、市场变化或资金短缺等情况，企业可能面临削减预算的问题。预算的削减可按照以下顺序执行：

第一，削减不再继续执行的预算，如广告投放费用预算；

第二，削减不能在短期内带来经济利益流入的预算，如办公室装修费用预算；

第三，削减低效产出的预算，如产能预算；

第四，削减日常费用预算；

第五，削减人工成本预算。

556. 理性做出削减预算的判断

如何削减预算支出，这是财务人员迟早会遇到的问题。企业在削减预算时，要先判断每笔花销是否值当，有无增量产出。这点说来容易，可多数时候不易确定。碰到这种情况，财务人员先别慌，不要被"要钱的人"的气势压倒。不妨反过来看，考虑一下不支出这笔钱，是否会造成企业效益减少。只要答案是否定的，财务人员砍预算就有底气了。

557. 预算控制——结果控制与过程控制需相辅相成

对预算控制既要坚持结果控制，又要坚持过程控制。结果控制相对简单，对预算进行刚性约束即可。结果控制的弊端在于它属于事后控制。过程控制可以克服此弊端，如企业年度收入预算 1 200 万元，可以是每月实现 100 万元，也可以是 12 月实现

1 200 万元。对企业而言，前者价值更大。这种情况下，过程控制能起到调整方向的作用。

558. 如何处理未花完的预算

企业未花完的预算该如何处理呢？如果企业片面追求预算执行率，那么年末突击花钱几乎是必然的，这是预算管理失准、失效、失控的综合体现。当突击花钱成为常态，支出预算势必逐年膨胀，浪费、低效会成为必然。不花白不花、花了也白花，不能成为看待预算结余的心态。把未花完的预算一部分用于激励，其余形成结余，是一种可行的办法。具体思路如下：

（1）将没用完的日常性费用预算用于激励，如市内交通费、业务招待费等，可将剩余预算的 50% 奖励给例行节俭的部门和个人；

（2）将项目性费用预算递延至下一年度，由原预算单位继续使用，如部门活动费、员工培训费等。

会计闲谈——车能教你如何做财务

汽车的正常运转离不开仪表系统、路油系统、安全系统和导航系统。研究一下这四大系统，你会发现它们正好对应着会计人要在企业构建的账务体系、资金体系、风控体系和预算体系。格物致知，会计与万物的原理似乎有相通之处，会计人在前进的道路上又怎么会寂寞呢！

第十五章

财务分析

在管理会计日渐被重视的当下，财务分析的地位有了提高。谈到财务分析，被问得最多的三类问题是怎么做、分析什么、有用吗？

（1）怎么做？职场新人喜欢这么问，他们在潜意识里觉得财务分析很高深，又没做过，因此有学习的冲动。

（2）分析什么？职场刚晋级的财务人员喜欢这么问，因为他们觉得可分析的点太多了，但面面俱到又不是领导想要的。

（3）有用吗？财务经理喜欢这么问，每当费尽心思做出的成果不被认可时，他们会很受伤。

财务分析必须服务于业务，挖掘业务背后的原因，这已成为共识。财务分析要结合业务实际，服务业务部门，否则分析报告的作用有限。具体而言，财务分析要指出问题，找出对策，落实责任，到期考核。

一、怎么看会计报表

559. 会计报表是做给谁看的

一位企业负责人曾问我，会计报表到底是做给谁看的，是财政要看，还是税务要看，他们公司的会计报表对他毫无用处。这位企业负责人的问题无异于指责财务工作与业务实际脱节，财务工作不能帮助业务改进管理。其实，要满足他对会计报表的需求并不难，财务人员突破会计报表的定式，另外出具管理报表就行了。对此，财务人员要灵活转变思路。

560. 什么是理想的会计报表

理想的会计报表所提供的数据信息应该能够恰当地反映企业的真实面貌。具体而言，资产负债表中的"净资产"应反映出企业的价值；利润表中的"本年利润"应反映出企业本年的价值增量；现金流量表中的"现金流量净额"，应主要来源于企业的经营收入。

561. 如何透过会计报表识别企业的财务风险

如何透过会计报表识别企业的财务风险？建议从以下两个层面看：

第一，看整体，从企业的财务金三角（增长性、盈利性、流动性）判断经营的基本面；

第二，看具体，透过敏感会计科目去判断企业潜在的风险。

第二个层面发现的问题可以作为第一个层面结论的验证与补充。企业做财务分析时也可遵循这一思路。

562. "四看"会计报表

怎么看会计报表？到目前为止，我听过的通俗又深刻的答案是某世界 500 强企业高管提出的"四看"，即横着看、竖着看、倒着看、翻过来看。前三看是通过比较分析、因果分析找到数据的异常，第四看是跳出财务看背后的业务。复杂的专业问题，经过这么质朴的语言作答，瞬间有了亲民的味道。

563. 会计报表看什么

利润表，看盈利能力（净利润）、产品的竞争力（销售毛利率）、市场规模（收入）。

资产负债表，看资产质量、偿债能力（资产负债率、流动比率、速动比率）。

现金流量表，看资金流向、利润质量（经营活动净现金流量／主营业务利润）。

这三张会计报表如同企业的体检表，健康与否尽在其中。

564. 会计报表的三个关键数

如果给你一家陌生企业的会计报表，你应该重点关注哪三个数？我的建议是重点关注净利润、经营活动净现金流量、资产负债率，正好一张表一个数。如果再让你关注三个数，我的建议是重点关注销售毛利率、现金及现金等价物的变动额、流动比率，还是一张表一个数。财务分析无须面面俱到，把握要点、去芜存菁，真实状况即可跃然纸上。

565. 判断上市公司好坏的两大财经指标

上市公司的会计报表，重点看两个数：营业利润与经营活动净现金流量。如果这两个数都好，基本可以判定该公司经营得好。前者差、后者好，只在理论层面存在。前者好、后者差，这种情况很多，可以说是一种普遍现象。

566. 小企业负责人关心哪些财务数据

对于小企业来说，负责人关心的财务数据主要有资金、净利润、收入、应收账款、存货、应付账款以及日常费用。这些数据大概是企业负责人心目中默认的 KPI。

财务人员如果能把这些数据理清楚，企业会计信息的面貌就算清晰了；如果能进一步对这些数据稍做对比分析，即可出具一份拿得出手的财务分析报告。

567. 会计报表的三个重要比率

会计报表有三个重要比率：第一，资产负债率；第二，销售毛利率；第三，净利润与经营活动净现金流量之比。这三个比率分别体现了企业的偿债能力、盈利能力和变现能力，将之综合在一起评价，如果这三个比率的情况都比较乐观，那么基本可以判断这家企业的财务状况是比较理想的。

568. 从会计报表看企业是如何垮掉的

通过阅读会计报表，我们可以看出一家企业是如何垮掉的：

（1）没有找到盈利模式，收入里缺少主营业务收入；

（2）管理不善，入不敷出，利润表里的净利润为负数；

（3）盲目扩张，资金链断裂，现金流量表里投资活动净现金流量为巨额负数；

（4）产品没有竞争力，利润表里销售毛利率偏低；

（5）打肿脸充胖子，资产负债表里资产科目水分多。

569. 资产负债率不能尽信

资产负债率等于负债除以总资产。通常情况下，一家企业的负债有可能被刻意做低，不大可能做高，但总资产却很容易挤出水分。如果资产里装进了似是而非的商誉、挂账了未结转的费用、烂尾了收不回的应收账款，还有明股实债，那么总资产就虚高了。当一家企业的资产负债率高达 90% 时，你千万别天真地以为它真有 10% 的净资产，这家企业大概率已严重资不抵债，原因就是资产里面有水分。

570. 资产负债率要结合流动比率、速动比率看

资产负债率反映企业的家底。这份家底是否殷实，不能只看总资产的大小，还要看资产负债率的高低。资产负债率一旦超过 70% 这道红线，就意味着企业存在较大的债务风险，也意味着金融机构不愿意再给企业提供融资。除此之外，还需要看资产的构成，即非流动资产有多少、流动资产有多少。资产的流动性体现的是资产的变现能力，通俗来讲，就是当企业碰到难关时，有没有办法快速把资产变成现金。关注资产的流动性，重点看两个指标：流动比率与速动比率，这两个比率反映的是企业用流动资产偿还短期负债的能力。流动比率的参考值是 2，意味着流动资产偿还短期负债要有两倍的保障能力；速动比率的参考值是 1，意味着流动资产扣除存货后偿还短期负债要有一倍的保障能力。

571. 华为公司的资产负债率

华为公司的资产负债率一度逼近 70%，却又始终未突破 70%，我想主要是两方面的原因：

第一，70% 是一条红线，银行非常看重这个数，华为公司需要向银行贷款，自然资产负债率不会轻易突破这条红线；

第二，华为公司需要大量融资，而虚拟受限股的融资成本较高，因而要尽可能通过债务融资来降低整体资金成本。

572. 高资产负债率与极致分红

有人曾问我："企业资产负债率高达或逼近 90%，且面临着极大的债务风险，但利润表显示经营还有些许利润，请问在这样的情况下，股东会或董事会能否做出分红决议，能否把企业有限的资金分给股东，《公司法》对此有无限制性条款？"企业负债一箩筐，股东却还要通过分红抽走企业有限的资金，这样的分红堪称"极致分红"。"极致分红"这个问题很关键，因为它关系到企业能否持续稳健地发展，以及企业债权人的利益能否得到保障。

企业股东（主要是控股股东）为什么要操作极致分红呢？动机无外乎两点：

第一，企业控制人对企业的经营很有信心，认为高负债、高杠杆不会造成企业经营层面的风险，企业也不会出现债务层面的风险；

第二，企业控制人对企业的未来没有信心或者毫不关心，只看眼前利益，能多拿就多拿，至于企业长远发展如何规划、维系企业长远发展的资金链安全如何保证，暂时不放在心上。

从现实来看，通过极致分红与给高管层发放高额年薪，企业控制人实现短期利益最大化已有真实案例。

分红权是股权的一项权利，企业有利润，股东自然有权要求分红。可是分红并不能单单只看利润表上的净利润数，还要看资产负债表上的货币资金数。如果因为利润表上还有一点净利润，高负债的企业就能合法合规地操作这样的极致分红，我认为是不妥的，这对企业的长远发展极为不利，对企业增强抗风险能力也极为不利，同时对债权人极不公平，这属于股权算计债权，加剧了债权人的债务风险。

从《公司法》的角度看，企业净利润要先转出一部分做盈余公积，这样的规定本意就是保护债权人，避免股东过度分红。

573. 资产负债表中须重点关注的科目

资产负债表中须重点关注的科目如下：

（1）应收账款，注意识别虚假收入与坏账；

（2）其他应收款，注意识别挂账的费用，关注大股东是否公私不分；

（3）存货，注意识别未结转的成本形成的虚假库存，关注存货减值；

（4）无形资产，如果不是土地使用权，其他的无形资产基本不靠谱，特别要提防别有用心的研发费用资本化；

（5）其他资产，凡是其他，必不寻常。

574. 隐藏企业潜亏的四大会计科目

隐藏企业潜亏的会计科目主要有以下四项。

（1）应收账款：虚构收入确认的债权、坏账比比皆是。

（2）存货：产品滞销、原材料跌价、虚假存货（未结转的销售成本）触目惊心。

（3）其他应收款：细看都是未报销的费用以及被企业负责人掏空的资金。

（4）无形资产：如把本该费用化的研发费用全计入无形资产，收购时确认巨额商誉等。

575. 企业负责人应该关注的会计科目前三名

企业负责人应该关注的会计科目前三名：（1）银行存款；（2）应收账款；（3）存货。企业今天、明天、后天的命运皆系于此。"今天"能否干下去，主要看银行存款，缺了它企业寸步难行；应收账款可转化为明天的银行存款，盯紧它，别让它成了坏账；存货是企业度过"后天"的储备，银行存款多寡归根结底还是取决于存货能否卖出去。

576. 利润表中需重点关注的科目

利润表中需重点关注的科目如下：

（1）主营业务毛利率，如果毛利率下降或低于业界平均水平，说明产品没有市场竞争力；

（2）销售费用，如果销售费用居高不下，说明企业尚未形成销售渠道，市场还没有打开，属于硬推出货；

（3）营业外支出，除捐赠之外的营业外支出，大多可以和管理不善挂上钩；

（4）资产减值，道理同（3）。

577. 销售收入分析的五个方面

企业在做财务分析时，销售收入分析应重点关注以下五个方面：

（1）看收入增长，拿本期累计数和上年同期相比，判断企业整体销售业绩有无进步；

（2）看收入的构成，收入主要来自哪些产品的销售，判断什么产品是企业的拳头产品；

（3）看收入实现的区域与渠道，判断客户在哪里、商机在哪里；

（4）看企业产品的市场占有率，判断企业在市场竞争中的格局；

（5）看已签订未实现的合同，以及待签订的合同，判断市场潜力的大小。

578. 判断利润质量高低的要素

利润质量的高低主要看以下五个要素：

（1）收入实不实，是否都符合收入确认的条件；

（2）成本费用全不全，有无少计成本费用的现象；

（3）利润是否由主营业务收入创造，因为非经常项目创造的利润是不可重复的；

（4）有无对应的现金流入，利润是纸面的，在没有变现之前，终究是未知数；

（5）是否可持续，能持续创造利润的企业才有价值。

579. 如何做盈利能力分析

盈利能力包括两个层面，产品的盈利能力及企业的盈利能力。产品的盈利能力能反映出产品的市场竞争力，可通过产品毛利率来衡量，透过这一指标能看出产品有无附加值，有没有降价空间。企业的盈利能力表现在净利润上，企业层面的盈利能力分析主要考虑利润的主要来源是什么、成本费用率如何。如果产品的盈利能力不行，企业应该考虑转型。如果产品的盈利能力尚可，但企业的盈利能力不行，这样的企业要考虑改进管理，通过降低运营成本来扭亏或增效。

580. 销售毛利率、应收账款周转率与存货周转率

判断一笔生意好不好做，先要看销售毛利率高不高。销售毛利率高低能反映产品赚不赚钱。然而，光看销售毛利率是不行的，如一笔生意销售毛利率很高，但要经过三五年才能完成交易，才能实现资金回笼，这样的生意大概也不太赚钱。如果把销售毛利率和应收账款周转率、存货周转率结合起来进行分析，意义就不同了，三者的综合分析结论能客观地反映生意到底值不值得做。

581. 销售毛利率的槽点

通常情况下，通过销售毛利率可以判断出产品的盈利能力，但销售毛利率有几个值得注意的槽点。

第一，多产品加权平均后的销售毛利率不一定能反映产品的盈利能力，销售毛利率应分产品审视。

第二，产品的销售成本归集不完整或成本费用化了，销售毛利率会虚高。

第三，企业为了实现产品销售，可能搭配诸多提成、返点、回扣，这种情况下的销售毛利率则不能反映产品真实的盈利能力。

582. 改进销售毛利率指标的办法

如果总部考核子公司的销售毛利率，子公司要改进这一指标，具体有哪些办法呢？我们首先能想到的是提价，问题是提价

后销量可能会受影响，后遗症太大；其次是降低产品成本，但这个办法说起来容易做起来难，而且起的作用具有滞后性。最好的办法是加大对高毛利产品的促销力度，通过改变销售权重来改进销售毛利率指标。

583. 成本费用的总额分析与比率分析

成本费用分析既涉及总额分析，又涉及比率分析。总额分析有个弊端，数据对比后的结论不一定能真实反映成本费用控制的水平。

例如，某公司 2022 年总成本费用 3 000 万元，2021 年总成本费用 2 500 万元，哪年的成本费用控制较好呢？我们不能简单地认为企业在 2022 年多花了 500 万元，成本费用就控制得不好。因为控制成本费用不是企业追求的最终经营成果，在某种意义上，成本费用是企业追求经营成果时的润滑剂。

评价成本费用控制效果最好结合比率指标来看，看成本费用率的高低，看单位产出中成本费用的耗费多寡。

成本费用分析要分类进行，与经营业绩关联度不大的成本费用，做总额分析；与经营业绩关联度大的成本费用，做比率分析。

584. 费用增长引发的思考

当你对比公司两年的利润表，发现管理费用、销售费用增长很快，利润却变化不大时，你的第一感觉是什么？相信大多数人会想，这家公司的经营层有问题，觉得利润够了，就开始狂花钱。出现这种情况，恰好印证了经理人（代理人）的道德风险与逆向选择；也有一种乐观的可能，即经营层一看今年的利润不错，就把以前年度形成的潜亏消化了。

585. 如何做费用分析

如何做费用分析？我们应先把费用分成固定费用与变动费用两部分，固定费用看总额变化，变动费用看费用率变化。在所有的变化过程中，首先应该考虑不可控因素导致的变化影响数是多大，如物价上涨；其次考虑的才是企业内部管理原因导致的变化数是多大，这些变化有多少可以通过加强管理来改进。

586. 销售费用率与研发费用率

判断一家企业有没有长远发展意图，通过利润表就能推断出来。具体看两个比率，销售费用占收入的比率以及研发费用占收入的比率。重视当前利益的企业，销售费用占收入的比率比较高，而且这一比率会持续增高。立足长远发展的企业，一般研发费用占收入的比率会比较高，并且会维持比较稳定的研发投入。

587. 不要轻信现金流量表

见过了太多虚构收入、利润的报表，大家会觉得现金流量表更可信。但现金流量表真的清白吗？也不见得。大家轻信它，是因为觉得资金流动的轨迹是真实的。真实的轨迹何尝不可以运作呢？找家关系户，做份采购合同，打笔预付款，现金流量表立马会好看；待到明年，再把合同取消，预付款退回，一切又恢复本来面目。

588. 现金流量表的深度分析

现金流量表中经营活动产生的现金流量净额、投资活动产生的现金流量净额、筹资活动产生的现金流量净额这三项数据的正负情况，能够反映出企业的发展与经营状态。具体如表 15-1 所示。

表 15-1　对经营活动、投资活动及筹资活动产生的现金流量净额的分析

经营活动	投资活动	筹资活动	企业状态判别	重点关注事项
正	正	正	发展期，企业主营业务稳定且占主要地位，没有可供投资的项目	筹集资金的目的和用途
正	正	负	产品成熟期，企业没有可供投资的项目，抗风险能力弱	行业前景和企业产品后续发展潜力
正	负	正	高速发展期，企业仅靠经营活动的现金流入净额无法满足所需的投资，需通过筹集外部资金作为补充	投资决策的正确与否和投资前景
正	负	负	企业经营状况良好，一方面偿还了以前的债务；另一方面正在发展新的盈利模式	经营活动应对意外事件的能力
负	正	正	衰退期，企业经营活动出现困难，靠借款来维持生产经营的需要	投资活动正现金流量的来源（是投资收益还是处理经营资产所得）
负	正	负	加速衰退期，市场萎缩，企业为应付债务不得不收回投资，已处于破产边缘，须高度警惕	经营业绩和债务情况

（续表）

经营活动	投资活动	筹资活动	企业状态判别	重点关注事项
负	负	正	如为初创企业，则说明其正在投入大量资金开拓市场；如为长期稳定企业，则其财务状况具有较大的不确定性	企业的发展阶段
负	负	负	企业已陷入严重财务危机，可能会破产	该状况的持续时间

589. 警惕企业的非常规财务现象

如果一家企业的经营活动、投资活动及筹资活动产生的现金净流量都为正，那么我们的第一感觉是什么？不合常规。企业挣钱且挣的钱无处投资，还不断筹资，这似乎不是正常的企业行为。如果情况确实如此，那就需要引起警惕了。尤其要警惕某些互联网金融类企业，它们的经营活动、投资活动很可能只是表象，筹资才是真正目的，圈够钱后，就有可能跑路了。

590. 复合增长率的计算公式

如果某公司的销售收入 2020 年相比 2019 年增长了 20%，2021 年相比 2020 年增长了 40%，2022 年相比 2021 年增长了 20%，请问，该公司 2020 年—2022 年三年销售收入的复合增长率是多少？答案是 26.33%。这道题主要测试你是否掌握了复合增长率的计算公式。复合增长率的本质是相比基期，平均每年增长了多少。计算公式如下：

$$\left(\sqrt[3]{(1+20\%) \times (1+40\%) \times (1+20\%)} -1 \right) \times 100\%$$

$$= \left(\sqrt[3]{1.2 \times 1.4 \times 1.2} -1 \right) \times 100\%$$

$$= \left(\sqrt[3]{2.016} -1 \right) \times 100\%$$

$$= (1.263272-1) \times 100\%$$

$$= 26.33\%$$

二、财务分析的方法

591. 财务分析工作推进的流程

企业推进财务分析工作，建议分三步走：

第一步，推进全面财务分析，从财务的角度揭示企业存在的问题和潜在的风险，以期引起总经理与业务领导的重视；

第二步，推进经营分析，结合业务实际，找出财务数据背后的业务原因，提出解决之道；

第三步，推进专项分析，找出短板，深挖吃透、重点突破，立项推动解决问题。

592. "财务金三角" 的妙用

三角形具有稳定性，"财务金三角"能稳定什么呢？它能稳定企业的价值。财务金三角的三个"角"分别是增长性、盈利性、流动性。增长性体现企业收入规模的增长，它可以反映出企业的市场活力；盈利性表现在产品毛利率与企业的利润上，做企业终归是要赚钱的；流动性可以反映企业的现金流状况与资产周转效率。这三项合在一起可勾勒出一个三角形，这个三角形既可衡量企业的价值大小，也可固化企业的价值。财务金三角是很好用的财务管理工具，企业做预算、设计 KPI、做财务分析时都可以用上它。

593. 财务金三角，价值硬法则

财务金三角，价值硬法则，其语虽简，其意却深。它的真谛可以用两句话凝练概括：有利润的收入，有现金流的利润。做财务分析是为了帮助企业实现价值最大化，既然财务金三角可以最简洁地"固化"企业价值，那么我们做财务分析时就不妨围绕着财务金三角进行。找出财务金三角中的短板，分析原因，并设法改进，这会让财务分析具有实操性、方向性。一个健康的企业必须在增长性、盈利性和流动性之间找到最佳的平衡！财务分析就是要揭示增长性、盈利性和流动性平衡中的短板。具体如图 15-1 所示。

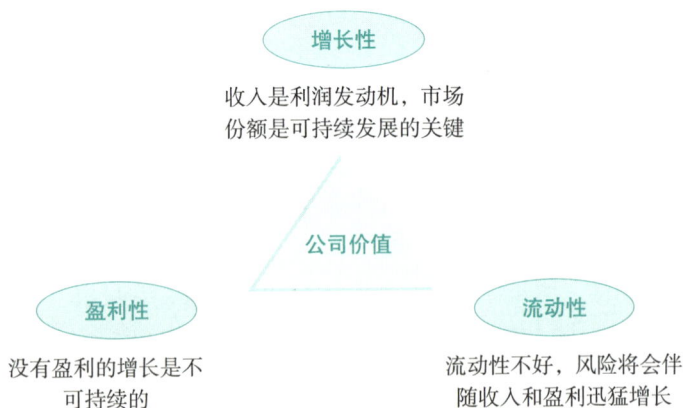

增长性

收入是利润发动机，市场份额是可持续发展的关键

公司价值

盈利性

没有盈利的增长是不可持续的

流动性

流动性不好，风险将会伴随收入和盈利迅猛增长

图 15-1　健康企业的最佳平衡点

594. 财务数据决定财务分析的价值

财务分析离不开财务数据，财务数据应做到真实、公允、口径一致。

（1）会计核算应遵从统一的制度与准则，特别是收入的确认、资本化与费用化的确认更应如此。

（2）剔除不可控的因素与例外事项，还原经营性事项的本质。

（3）数据的维度切分应清晰，每个维度的数据都是该维度所能担责的。

（4）数据颗粒度大小应顾及获取成本。

595. 比较分析法的参照物

财务分析的常用方法是比较分析法。比较就需要有参照物，财务分析常见的参照物有以下三类：

（1）上年数或上期数，反映业绩改进水平；

（2）预算数或预测数，反映工作完成进度；

（3）行业平均数或标杆企业数，反映应改进的标准。

为了保证分析的合理性，用作比较的两组数据需要统一口径，最好都剔除例外数据。

596. 分析时的异常数据都有哪些

企业做财务分析，很大程度上是对异常的财务数据进行分析。什么是异常的财务数据呢？主要包括以下四类：

（1）不能完成考核指标的数据；

（2）完成指标进度落后的数据；

（3）与历史相比情况恶化的数据；

（4）与行业水平相比，或与竞争对手相比，表现欠佳的数据。

综合来讲，就是把表现较差的数据找出来，然后探究背后的原因。

597. 财务分析的作用在于对症下药

我们的体检报告每项指标都有参考值，会标出体检结果与参考值相比是高了还是低了。评判身体健康状况，首先要给出拟分析指标的参考值，了解偏差多大属于异常，这算是起步；其次要判断产生偏差的原因，如白细胞偏高是因为身体有炎症；最后开处方，针对炎症给出治疗方案，注射抗生素。财务分析同样需要做检查、下诊断、开处方。

598. 对数据异动的解释

财务分析最基础的作为是对数据的异动给出可能的解释。例如，企业收入大幅降低，但毛利率大幅提升了，仅从数据层面分析，理由可能有哪些呢？

（1）商品提高了售价，但提价导致需求减少了。

（2）企业将主要精力用于高毛利产品的营销，导致低毛利产品销售额下降。

（3）企业进行了产业升级，新产品毛利较高，但未打开市场。

（4）企业剥离了不盈利的产业。

599. 透过数据找出企业病灶

透过数据找出企业病灶是财务分析成功的基础。企业经营中总会有一些问题，其中的根本问题如同病灶。成功的财务分析需要透过数据，找出企业的病灶。例如，产品销售收入下降了，可能有研发设计的原因，有产品定价的原因，有质量的原因，还有广告宣传的原因，但根本原因可能是研发设计不够时尚。如果企业不能准确地拿捏它，所做的分析将是肤浅的，甚至带有误导性。

600. 量化财务分析

如果财务分析不能量化，只是泛泛地讲道理，分析结果的可信度会下降。财务分析数据不易取得，可能是因为前期没有积累，或者因核算颗粒度粗放、核算维度未涉及以及组织架构变动等造成；还可能是因为财务分析人员对市场、对业务理解不透彻。将分析结论量化，这不仅是财务核算精准的体现，也是财务分析人员深入理解业务的体现。

601. 什么是财务数据的维度

财务数据的维度是什么？维度原本是数学术语，代表独立参数的数目。若把财务数据视作整体，维度则是对整体进行分割的依据。例如，收入的划分，有子公司维度、地区部维度、产品线维度、客户群维度。可见维度并不是独立的指标，而是财务数据颗粒度的细化。同一数据维度越多，核算成本越高，归集的难度越大。

602. 集团公司贯彻财务输出模板化的作用

集团公司应贯彻财务输出模板化的理念。模板化的作用表现为：

（1）上级将自己的意图直接说出来，下级就不用猜测了；

（2）交付格式统一，便于汇总；

（3）填报时可直奔主题，省去了下级的无效工作量；

（4）关注点明确，减少了上级的无效阅读。

通俗来讲，模板化的作用就是把少数人思考的结果作为集体意识贯彻下去，让大家都省点心。

603. 一眼看出订货、收入、回款之间的问题

图 15-2 是某世界 500 强企业旗下省公司的合同额、收入、回款的月度趋势图，你能看出什么问题吗？从折线的走向至少可判断出两点：

第一，该省公司的合同额、收入、回款趋势线趋同，能做到此三者如此吻合，说明该公司的内部管理很严谨；

第二，合同额、收入、回款金额月度间极不均衡，季度末月冲高意向明显，这是分季度考核驱动的结果。

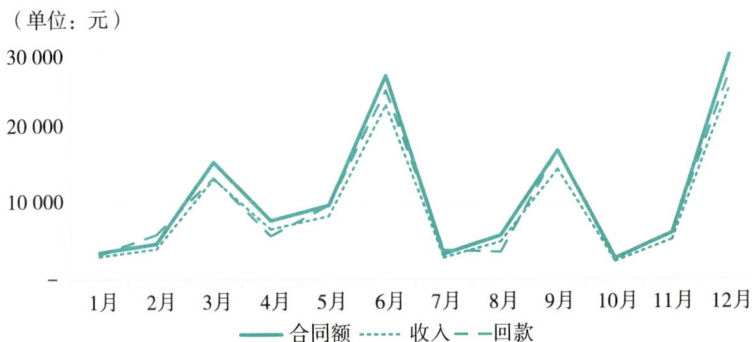

图 15-2　合同额、收入、回款的月度趋势图

604. 通过财务指标分析会计报表的质量

毛利率高但应收账款周转天数长，利润高但经营活动现金净

流量差，碰到这两种情况，基本可以对会计报表的真实性打个问号。理由是不符合商业逻辑。毛利率高说明商家处于强势地位，应收账款怎么会一直拖欠呢？利润高说明赚钱，经营活动的现金净流量怎么能不好呢？从这一层看，应收账款高企无异于企业操纵盈余的风向标。

605. 毛利、净利未必趋势相符

产品毛利高，净利就一定高吗？有个结论大家可以检验一下，毛利率高的企业期间费用也高，更明确的一点是渠道费用高。正常的逻辑是：毛利率高代表生产成本低，要廉价生产，厂址就要偏远，但渠道成本会偏高。实则却不尽然，例如，医药毛利高，看看医药企业居高不下的销售费用就知道不高是不行的，这也导致有些药品的价格虚高。

606. 警惕毛利率误导投资

假设卖高档白酒的毛利率为 80%，卖鲜牛奶的毛利率不到 5%，若市场无虞，给你 10 万元做本金，你愿意做哪个生意？如果只看产品毛利率，可能会误导你选择。倘若会算存货周转率，你就不难做出正确选择了。高档白酒进货后，平均三个月才能卖出；牛奶当天就可卖出。做高档白酒生意，年收益率 320%；而做牛奶生意，年收益率高达 1 825%。

607. 销售规模下降，毛利率上升的原因

企业销售规模下降，但销售毛利率上升了，你会想到哪些可能性？

第一种，企业提高了产品售价，导致销量下降。

第二种，企业压缩了低毛利产品或亏损产品的销售，聚焦做高毛利产品。

现实中，这两种可能哪个更符合实际呢？我认为是第二种，面对市场竞争，企业更愿意考虑降价抢夺市场份额，谁敢提价要利润呢？

608. 原材料积压，谁的责任

原材料积压该算库管部门的责任还是申购部门的责任呢？如果库管未能消化积压、避免盲目采购，那么库管部门肯定有责任。倘若因为申购部门错误预测导致过量采购，那么责任应由申购部门承担。但问题又来了，申购部门一般根据销售部门的预测下采购单，误判的源头实际在销售部门。可见，管理是一体的，一错皆错！

三、财务分析与业务的结合

609. 财务分析的目的

财务分析的目的是什么，很多人并没有完全搞清楚。目的不明，财务分析报告就不会有清晰的逻辑。财务分析是一项财务管理行为，财务管理的目的是实现企业价值最大化。以此推演，财务分析的目的也是实现企业价值最大化。明白此目的后，财务分析要做的就是找出有碍实现企业价值最大化的短板，然后推动解决它。

610. 财务分析的作用

财务分析的作用是什么？财务分析报告的阅读人不同，其作用不同。内部人（经营班子）看财务分析报告，作用是发现问题，改进企业的管理，提高经营效率。上级单位（控股公司）看财务分析报告，作用是加强监督管理，防止舞弊。外部人（潜在投资者）看财务分析报告，作用是甄别企业信息的真实性，对企业经营前景与财务状况做出预判。

611. 财务分析应关注 KPI 完成情况

财务分析报告的第一篇写什么？建议写 KPI 完成情况。然后找出 KPI 的短板，围绕不足逐项深入，挖出背后的业务原因并提出改进建议。这样的财务分析报告写出来后一般会得到企业负责人的认可。如果改进建议能落实责任人，框出时间节点，那么分析报告就更有价值了，相当于变成了实施纲领。

612. 预测准确与否是检验财务分析效果的标尺

财务分析报告在结尾处往往要对企业全年的主要经营指标进行结果预测。预测准确与否，从某种程度上讲也是检验财务分析效果的标尺。谈及华为公司的财务预测工作时，任正非先生曾表示，预测是管理之魂。财务对业务的支持从事后走向事前，预测是可以为之的举措。准确的预测有助于企业做出正确的决策，可以优化企业的资源配置。

613. 财务分析有效性评价的要点

财务分析有用吗？可以从以下两个层面看：

（1）财务分析能否揭示企业经营中存在的问题，这要看财务人员是否有足够的数据敏感性，能否从业务角度找到数据异常的原因；

（2）财务分析能否推动企业解决业务问题，这等于把财务分析当成了管理工具。

揭示问题的能力取决于财务人员的专业能力及其与业务的融合度，解决问题则需要企业负责人的认同与参与。

614. 编写财务分析报告的常见问题

编写财务分析报告的常见问题如下：

（1）把财务分析报告写成给领导的汇报，表功的成分多，"诊病"的分析少；

（2）对数据掌控能力弱，定性的描述多，定量的分析少；

（3）碰到困难时推卸责任，客观理由多，主观检讨少；

（4）就数字论数字，数据循环论证多，背后业务原因揭示少；

（5）对未来的预测能力差，预测错误的时候多，准确的时候少。

615. 财务分析是企业管理的工具

财务分析应该成为企业管理的工具。作为工具，财务分析应立足财务数据，揭示企业存在的问题，分析问题产生的原因，并提出有针对性的解决方案。如果异位，把财务分析演变成下级对上级的汇报，报告就会变味，分析问题会变成寻找客观理由，解决问题会变成推卸责任，最终管理工具会沦落为表功道具。

616. 财务分析应由财务人员与业务人员合作开展

财务分析应该由谁来做？大多数人会说："当然是财务人员啊！"如果真的这样做，财务分析报告很可能是财务人员自说自话。财务分析应以财务数据做依托，分析数据背后的业务问题。没有业务人员参与，财务分析很容易流于就数字论数字。只有财务部门与业务部门通力合作，财务分析才有可能切入业务深处，成为企业管理的工具。

617. 财务指标背后的故事

任何事情都有正常的逻辑，如果逻辑不通，那么背后很可能有故事。我们看会计报表时，要有一眼洞穿背后故事的本领。收入增加，利润下降；利润增加，经营活动现金净流量下降；销售成本下降，存货增加……这些都不符合正常的逻辑，需要追问原因是什么。如果解释不合常理，那就要考虑背后是否有猫腻。

618. 财务分析两部曲：数据分析与业务分析

财务分析可分解为两个动作：一是数据分析，二是业务分析。数据分析是指财务人员看到财务数据异常后有足够的敏感性，能快速闪现异动可能的驱动及可能的后果。业务分析是指财务人员结合业务定位原因，找到问题的症结。第一个动作要想做标准，财务人员的专业知识必须扎实；第二个动作要想不变形，财务人员需把自己融入业务之中。

619. 经营分析与财务分析的关系

经营分析与财务分析是什么关系呢？

第一，二者你中有我，我中有你，看似不同，却又有相同之处。

第二，经营分析是针对财务分析发现的问题，结合业务所做的更深入的专项分析。

第三，财务分析定位问题，经营分析解决问题，从这点看经营分析更重要，是财务分析的升华。

第四，财务分析是"CFO 工程"，经营分析是"CEO 工程"。

620. 经验不同，做财务分析的功力不同

做财务分析好比医生看病，经验不同则功力不同。肤浅的财务分析类似经验不足的医生做体检，仅通过指标对比找问题。层次略高的财务分析，可结合业务找到异常数据背后的原因，这有点类似于经验丰富的医生给病人下诊断书。财务分析不能仅仅满足于找原因，而是要提出解决方案，如同医术精湛的医生能开出一剂良药。

621. 推动业务改进是财务分析的核心作用

财务分析怎么做才会起作用呢？推动业务改进是关键。倘若不能帮助改进，财务分析就是形象工程；仅仅改进了财务工作，财务分析是自娱自乐。财务分析需要财务人员大胆地走进业务、探究业务，挖掘数字背后的故事，把定位问题变成解决问题，把推脱责任变成分派任务，如此闭环往复作业，方可实现从财务分析到经营分析的蜕变。

622. 如何设计财务分析报告

如何设计财务分析报告模板？以下五点建议可供参考。

第一，整个分析报告的框架逻辑要清晰，要有一根线（主旨）把整个分析贯穿起来。

第二，有因必有果，分析过程要完整，问题提出了，就要有原因分析，以及改进措施与建议。

第三，分析报告要首尾呼应，前面提出了问题，后面就要有针对这个问题的任务令，要落实责任人，落实时间节点。

第四，分析报告要直击痛点，定位企业目前最主要、最迫切需要解决的问题。企业经营过程中难免存在各式各样的问题，当下解决不了的问题，无需列到财务分析报告里。

第五，分析报告的每一页 PPT 都要体现财务的意图，要表明财务人员对问题有自己的思考。

623. 财务分析报告的晋级

某集团的财务总监曾提出这样一个问题："财务分析报告的框架结构我们已经清楚了，可问题是，如果每个月都按照同样的框架去写分析报告，写来写去，很容易把财务分析弄成简单重复的工作，毕竟公司每个月的主要经营问题都是差不多的。"

这位财务总监反映的问题很现实，也很典型。

针对一个企业做财务分析，刚开始的时候，写一份大而全的财务分析报告是没有问题的，也是必要的。一方面，这有利于财务人员对企业经营问题做一个全面的梳理；另一方面，也有利于财务人员对自己的思维做一个梳理。

如果每个月的财务分析报告都这么大而全地写下去，财务人员自己也会觉得乏味，领导们看了会觉得没有太大价值，而且会生出财务"老调不断重弹"的感觉。果真如此，财务分析工作就被动了。

其实，财务分析报告是可以晋级的。

最初，财务人员是写财务分析报告；之后，财务需要服务业务，就应该写经营分析报告；再后面，写小而精的专项分析报告即可。专项分析报告仅针对企业每个月最核心、最急切需要解决的问题展开分析。专项分析报告几乎是一事一议，自然也就不会有重复之感了。

会计闲谈——谨慎性原则与公允价值原则是两件衣裳

谨慎性原则与公允价值原则就像两件衣裳，且看"资产"这位帅哥怎么穿衣打扮。这两件衣裳有时很搭，资产瘦身后，穿哪件都行；有时又很挑，资产发福时，则只适合穿谨慎性原则这件衣裳。资产还会耍酷，装大款，如玩一把利息资本化、研发费用资本化，他会直接把两件衣裳都扔掉，干脆赤裸裸地出场。

第十六章

薪酬与激励

让员工分享企业利润，这一激励思想已取得普遍共识。员工希望尽可能多拿，企业负责人希望尽可能少给，平衡点怎么确定？核心思想是维持现有的利益格局，让员工参与分享企业的增量收益。

（1）整体薪酬的增长率不高于利润的增长率，不能让薪酬吃掉利润。

（2）薪酬的增长率不高于人均创收的增长率，涨薪不能养懒人。

（3）用股权激励把员工与企业未来增长绑定在一起。

一、KPI 与绩效考核

624. KPI 是指挥棒

KPI，中文名为"关键绩效指标"。对管理而言，KPI 是牵引，是指挥棒。企业要进行绩效考核，就要先确定 KPI。确定了 KPI 之后，还需要确定 KPI 目标定在什么位置。例如，考核收入、利润，应事先讲清楚收入要完成多少、利润要完

在线收看

成多少，明确了这点，KPI 实际完成数与目标数之间的差距也就清楚了。制定 KPI 目标自然是上级说了算，如果上级熟悉下情，直接拍板即可。如果上级对下情不甚了了，不妨让下级先报一个数，然后上级在此基础上加点码，加码后的数就是目标了。

625. 平衡计分卡与 KPI

我们先来看 KPI 如何确定。既然要考核就应该把考核内容告知对方，这样被考核者才好围绕考核要求去做事。KPI 从哪几个维度去选择呢？企业确定 KPI，大多会依据平衡计分卡去设定。平衡计分卡分四个维度：客户维度、财务维度、流程与变革维度、学习与成长维度。企业围绕这四个维度去设定希望达到的目标，选出其中的关键指标，把它作为 KPI 就可以了。

626. 考核目标定多高

对于被考核的下级而言，基于免责的考虑，他们自然希望考核目标定得低一些。而对于确定目标的上级而言，当然希望目标定得高一些。确定目标有一个基本原则，目标一定要具有挑战性。目标不能让被考核的下级轻松达成，但也不能让下级始终都达不成，能否达成取决于被考核者的努力程度。

有个通俗的说法，目标要定在天花板的位置上。这个说法很有画面感，可是天花板的位置也需要予以明确。天花板的位置有多高呢，有的房子是 2.8 米，有的房子是 3.4 米，有的房子是 5 米。如果天花板在 5 米的位置上，那么一个人无论怎么弹跳，也是摸不着、够不到的。永远够不到的 KPI 目标，会让人泄气，是没有考核意义的，自然也不会产生激励效果。

有个形象的说法，跳起来够得到，就是 KPI 的目标。"跳"

的过程就是努力的过程，努力够不够，关键看怎么"跳"，如果只是原地起跳，目标还可能定得偏保守。先助跑 100 米，然后起跳，够得到的地方就可设置为目标了，这个目标才真正具有挑战性。

627. 业绩增长的四个参照系

企业业绩增长的四个参照系如下：

（1）收入规模增长不低于过去三年的复合增长率；

（2）收入规模增长不低于主要竞争对手的增长率；

（3）营业利润增长高于收入规模增长，或基本同步；

（4）经营活动净现金流量增长高于营业利润增长，或基本同步。

628.《华为基本法》对利润的描述

针对利润，《华为基本法》中有两个论点：

（1）我们强调人力资本不断增值的目标优先于财务资本增值的目标；

（2）我们将按照我们的事业可持续发展的要求，设立每个时期的合理利润率和利润目标，而不是单纯追求利润的最大化。

这两个论点今天读来同样振聋发聩，对财务人员理解企业经营目标具有一定的启迪作用与警示意义。

629. 对利润目标的理解

华为公司对利润目标的理解是设立合理的利润率和利润目标，而不是单纯追求利润的最大化。那么，合理的利润与最大化的利润差异都让给谁了呢？无疑，一部分让给了员工；另一部分让给了合作伙伴。一家负责任的大企业应有维护所处产业生态链健康发展的自觉。在经济困难时期，不能过分挤压代理商的利润空间，要让它们也活下来，一旦经济复苏，它们就能生龙活虎地为企业抢单了。

630. KPI 设计的诸多讲究

企业要让绩效考核变得公平，KPI 设计有诸多讲究：

（1）从哪些方面选择 KPI，体现被考核人该努力的方向；

（2）KPI 权重设置，决定牵引力度的大小；

（3）KPI 目标数值的大小，反映了制定者对业务的理解；

（4）KPI 设计要避免冲突，考核维度要细化；

（5）KPI 需逐年动态调整。

上述几点总结为一句话就是，KPI 要瞄准企业增长性、盈利性、流动性之间的短板进行设计。

631. KPI 考评体系的科学性

KPI 选择与权重设置会体现上级特定时期对特定目标的偏好，"艺术成分"和强压原则随处可见。实际工作中，有时好的思路受制于客观条件（如数据支持），不能落地；有些思路定性易，量化难；有些思路即便落地，能否经得住检验也有诸多未知。企业受到如此多主观与客观条件的制约，自然难以制定出完全科学的 KPI 考评体系。

632. KPI 选多少个合适

KPI 选多少个合适？指标少了不行，会缺少平衡，导致走极端；指标多了也不行，会搞成烦琐哲学，分散被考核人的精力。

任正非与华为公司人力资源秘书处座谈时聊起了这个话题，他说："代表处的考核指标就四个，能不能多产粮食、能不能增加土壤肥力、能不能合规经营、人均贡献效益是多少，这就行了。"

633. KPI 设置可能带来的弊病

KPI 考核体现的是"上有所好"，下级尽力"投其所好"。如果一个企业的 KPI 过于偏重某一方面，很可能会导致经营者采取短期行为修正考核结果。最常见的是上市公司粉饰业绩，因为股民更关注利润与收入的增长，于是我们看到了一些上市公司只赚利润不赚钱。它们收入增长了，利润也增长了，但留下了巨额应收账款挂在账面。

634. KPI 设置的艺术

KPI 设置越综合，对经营者的管理水平要求越高。我在华为公司工作时曾参与过代表处 KPI 考核工作，最初主要考核代表处完成的合同额、收入、回款，后来加上了销售毛利率、超长期应收账款的考核，再后来又加上了现金流量和存货周转率的考核。考核指标多了，被考核人想投机冲指标越来越难，一个指标做上去了，搞不好会把其他指标拉下来。想一想也有道理，KPI 设置的确是一门艺术。

635. 集团企业 KPI 泡沫的根源

集团承接 KPI 后，自然要把任务分发至各二级子公司。为了确保任务分发的过程留有余量，集团会加码 20% 下发 KPI。二级子公司接到集团的 KPI 后，会如法炮制，再加码 20% 下发至三级子公司。这等于从源头接的 100% 的指标，到了三级单位就变成 144% 的任务量了。

636. 给子公司制定财务 KPI 需综合拿捏

总公司给子公司制定财务 KPI，子公司真的能严格执行吗？以下四种情况会让人拿捏不住：

（1）打埋伏，子公司有余粮，但总公司不知道；

（2）最会叫苦的子公司难免会多得到照顾；

（3）最实在的子公司背负过重的指标，完不成业绩的很可能是它们；

（4）恻隐之心作怪，对于业绩太差的子公司，总想着要放其一马。

637. KPI 合理设置的方法

KPI 大致分为总额指标（绝对数）、比率指标（相对数）。总额指标如收入、回款、总利润，比率指标如销售毛利率、净利润率。一般来说，总额指标考核幅度窄，偏刚性；比率指标考核幅度宽，如想降低销售费用率指标，可做到费用绝对额下降或销售规模上升。企业在设置 KPI 权重时建议以总额指标为主，比率指标为辅。

638. EVA 的"先天不足"

EVA，即经济增加值。这个看似高大上的概念，一实践就暴露了先天不足。

第一，EVA 的核算基础依旧是会计利润，几乎所有可以调节利润的手段都可用于调节 EVA。

第二，人为设置了若干的调整项，等于自己给自己开了口子，让 EVA 充满了主观随意性。

第三，综合资本成本率是上级根据需要设定的，这也是最主观的。

639. 研发绩效考核应关注成果的增量收益

企业研发如何进行绩效考核呢？将完成立项目标作为考核依据，很容易陷入技术领先的误区。企业研发不同于科学研究，后者追求高尖端，前者追求满足客户的需求。企业研发不可唯技术论。基于此，评价研发是否成功应该将目光放长远，看研发成果列装产品后是否会带来增量收益。

640. 三位一体的财务管理工具

我常把财务预算、绩效考核、财务分析比作三位一体的财务管理工具，这三者年复一年地贯穿企业财务管理的过程中。财务预算是源头，有了它，一方面让绩效考核有了抓手，可以确定 KPI 要达到的目标；另一方面让财务分析有了对标的依据，据此可以对企业的实际财务状况进行评判，方便经营纠偏。而反过来，绩效考核为预算目标的达成提供了手段保证，财务分析为预算目标的达成提供了方法保证。把财务预算、绩效考核、财务分析这三个工具结合起来使用，三者都容易发挥很好的作用；将之割裂开来，画虎类犬，很可能会搞成形式主义。企业财务部门不妨把这三项管理职能配属给一个人或一个小组去完成，这或许更有利于财务管理工作的开展。

二、销售人员的绩效考核与薪酬设计

641. 销售人员的薪酬体系

销售人员的薪酬体系（结构）都是如何设计的呢？我观察过不少企业的做法，销售人员一般都是低底薪，但提成较高。提成根据销售业绩去获取，多劳多得，这样的薪酬设计有种论功行赏的味道，谁也别羡慕别人拿得多。销售人员的提成工资因为有销售业绩这一客观依据做衡量，所以会让人感觉更科学、更公平。站在企业的角度，给销售人员发放销售提成，目的是激励销售人员实现更多的销售，为企业创造更多的利润与现金流。这一目的有两层含义：

第一，销售提成发放是有前提的，给企业创利了才能有提成；

第二，销售提成的发放是有条件的，给企业的创利要落袋为安。

642. 销售人员的业绩提成模式

销售人员的业绩提成有两种常见模式：

第一种，按全部业绩的一定比例提成；

第二种，完成约定目标后，超额部分予以奖励。

这两种模式，哪种激励效果更好呢？ 一般来说，销售新人愿意接受第一种，而销售高手更喜欢第二种。

643. 销售人员业绩提成应遵循的原则

奖励销售人员的指导思想是扩大销售、加速回款、避免坏账，一般需综合考量订单（收入）、收回的货款、应收账款、坏账等指标。销售人员的提成按照什么依据计算，在什么时候发放合适呢？原则如下：

第一，销售提成要适度，不能吞噬增量的利润；

第二，符合责权利匹配原则，销售人员要负责回款，回款后确认业绩提成；

第三，销售提成不宜一次性发放完毕，可分期发放；

第四，发生坏账时，要设定销售人员担责比率，罚款从销售提成中扣减。

644. 设置销售提成的误区

企业在给销售人员设置提成时，经常会陷入一些误区。

第一个误区，只要签订了销售合同，就兑现销售提成；财务一旦确认了收入，就给销售人员兑现销售提成。这样做的问题是什么呢？签了合同，合同一定能执行吗？会计确认了收入，款项就一定能收回吗？如果不能，签的合同、确认的收入对企业有害无益。

第二个误区，不考虑销售人员有没有价格决定权。如果销售人员没有价格决定权，销售提成最终根据销售额来定即可。有些企业的销售人员有部分价格决定权，这种情况下的销售提成就要考虑降价或者提价的影响。降价会导致利润减少，这时销售提成不妨根据最终的利润来决定。

第三个误区，不考虑销售人员的费用。如果企业给销售人员报销费用，在设置销售提成时就要剔除这部分费用的影响。如果费用把销售实现的利润全都吃掉了，又何谈销售提成呢？

第四个误区，缺少制约机制。有的企业未对销售人员建立任何制约机制，致使有些销售人员离职后把客户带到竞争对手那里去了，为避免这一点，建议销售提成不要一次给完，企业可分批兑现。

645. 兑现销售提成的两个关键点

如何兑现销售提成，我觉得要考虑以下两个关键点。

第一，销售提成的计算依据是什么。这个依据可以是合同额，可以是收入额，可以是利润额，也可以是回款额，我个人推荐以利润额为计算依据。据此算出来的销售提成，兼顾了企业与销售人员双方的利益，等于明确销售人员只有让企业赚钱了，自己才能因之获益。但这个利润依据不能简单地用会计账面的销售毛利，还应综合考虑为实现这单销售所支出的相关成本费用，并算出该单销售的真实利润，最终用这个真实利润作为计算销售提成的依据。

第二，什么时候发放销售提成。有的企业签合同了就发放，有的企业确认收入了发放，我建议等回款之后再发放。回款了，代表着经济利益已真正流入企业，这时发放销售提成，不仅能减轻企业的资金压力，而且可以激励销售人员尽快催收应收账款。

三、股权激励

646. 股权激励的四个问题

股权激励主要涉及四个问题：什么时候给、给谁、给多少以及股权对价是多少。

（1）什么时候给：股权发放的时机。

（2）给谁：一般惠及高管、中层与骨干员工。

（3）给多少：用于员工股权激励的比例不宜太小，否则会失去激励的意义。

（4）股权对价是多少：这要看企业处于什么阶段，经营前景越不明朗，股权的对价就越低。

647. 警惕把股权激励搞成负激励

股权激励的目的是让员工分享企业未来的红利，不是为企业解决困难。相关人员做股权激励方案时，一定要考虑企业所处的发展阶段以及被激励对象的感受。否则，股权激励容易搞成负激励。

存在以下六种情况时，企业不要急于搞股权激励：

（1）企业财务混乱；

（2）企业负责人家庭财产与企业财产不分；

（3）本企业与企业负责人控制的其他企业有频繁的关联交易；

（4）企业持续亏损、资金紧张；

（5）企业负责人不愿意让利给员工；

（6）企业薪酬激励没做好。

648. 全员持股带来的启示

华为公司全员持股做得如何？任正非先生表示，他仅持有华为约 1% 的股份。可见，华为公司早已打破一股独大了。对此我有几点感想：

（1）创业者要控制企业，除了拥有 50% 以上的股权，还可以凭借超高的人格魅力实现；

（2）要上下同欲，让员工有主人翁意识，企业要给员工做主人的资本；

（3）财散人聚是真理，但做到较难。

649. 股权激励对人才的影响

股权激励是针对人的激励，它可以弥补薪酬激励手段的不足，实行股权激励的目的主要有以下三个：

（1）奖励老员工，给为企业立下汗马功劳的资深员工以补偿；

（2）留人，企业薪酬、奖金不够丰厚时，为防止优秀员工流失而给予股权；

（3）吸引人才，将人才和企业长远利益捆绑在一起，股权激励如同金手铐，让人觉得弃之可惜。

650. 股权激励三原则

企业给员工股权激励，应依据三条原则：

（1）贡献越大的员工，给得越多，不论是新加入的还是后加入的，这是为了吸引人才；

（2）入职越早的员工，获得股权的对价越低，不论贡献大还是贡献小，这是激励共担风险；

（3）同一批次授予的股权，对价保持一致，不论员工的职位低还是职位高。

这三条原则分别照顾到了员工的功劳、苦劳，并体现了公平。

651. 股权激励对价如何设计

企业在设计股权激励时，员工该掏多少钱买股权呢？如果是上市公司，操作比较简单，就以现时的股票价格做对价即可。未来股价升了，员工可行权。如果企业没有上市，股权在没有市场价参考的情况下，对价如何确定呢？这要看企业处于什么发展阶段，宜分阶段定调：处于初创期、亏损期，适宜给干股留住骨干员工；处于发展期，适宜用股权的市场价打折或以企业净资产额为基础折算。

652. 股权的定价基础

企业做股权激励时，股权的定价基础可参考以下顺序：

（1）初创企业，发展前途未卜，送干股或象征性作价较合适；

（2）企业打开局面后，在引入风投之前，以每股净资产金额为定价基础；

（3）引入风投后，以最后一轮风投的出价为定价基础；

（4）企业上市后，情况明朗了，以每股市场价格作为定价基础。

注意：对于（3）（4），需要打点折扣，建议按定价基础的50%~80%给激励股权定价。

653. 股权激励是用未来的钱激励现在的人

股权激励是用未来的钱激励现在的人。这句话蕴含两个前提：

（1）对企业负责人而言，现在想激励员工，但手头的现金不够；

（2）对员工而言，看好企业的未来，有意愿把现在应得的利益挪到将来。

有些企业负责人即兴搞股权激励，很大程度上是因为企业在走下坡路，想通过股权激励凝聚人心。此情此景，又怎能如愿呢？

654. 给核心团队股权激励，要不要收钱

给核心团队股权激励，要不要收钱呢？站在企业负责人的立场，免费的东西员工可能不会珍惜，因此不能白给。站在员工的立场，如果要求拿钱入股，在企业发展尚不明朗的情况下，员工会想：这到底是激励，还是让我们做风投呢？如果企业负责人硬性要求大家买股，不仅起不到激励作用，还可能让员工误以为企业负责人在套现。即便收钱，也要做得有策略一些，好办法是先约定对价，未来企业发展情况明朗后再收钱。

655. 股权激励对公司治理与薪酬体系的影响

股权激励绕不开以下两个话题。

（1）公司治理结构：股权激励意味着股权稀释，有可能改变股东表决的格局，也可能影响董事会的构成，因此创始人在设计股权激励时，必须考虑清楚如何保证自己的控股地位。

（2）薪酬体系：股权激励的本质是对员工的收益激励，股权激励不是孤立的，必须配合薪酬激励，做到短期激励与长远激励相匹配。

656. 慎用股权代持

股权代持不是个好主意。有些股东因种种原因，不愿意成为实名股东，会让亲属、朋友或亲信代持股权，然后用股权代持协议的方式约定权属。需要说明的是，在企业打算进入资本市场时，名义股东变更为实际股东会比较麻烦。再就是，税务机关对

股权代持是不认可的。

657. 股权激励的退出模式

员工获得企业的股权激励后，多数人并不愿意长期持有，而是希望在适当的时机退出。退出方式有以下几种：

（1）员工离职时由控股股东回购其持有的激励股权，类似的做法如华为工会回购离职员工持有的虚拟受限股；

（2）在进行重大股权变更或引入新的投资者时，转让激励期权；

（3）IPO 后退出，这是最理想、最乐观的退出模式；

（4）企业在一定年限后回购员工股权。

四、工资、社保与住房公积金

658. 企业如何留住人才

企业如何留住人才？我们常说事业留人、待遇留人、感情留人。

事业留人指发展空间，个人是否能随同企业的发展而发展。

待遇留人指薪酬有吸引力，员工收入在同行业、同地区有竞争力。

感情留人指文化魅力，企业人文关怀能打动员工。

这三个留住人才的手段看似各有侧重，实则三位一体，企业要想留住人才，需要从这三个方面同时下功夫。

659. 工资与奖金的差别

工资与奖金都是给员工的劳动报酬，都带有激励的性质，二者有什么差别呢？工资是对员工长期贡献的激励，与其任职岗位、任职能力相匹配；奖金是对员工短期贡献的激励，与其工作的阶段性成果相匹配。企业只有在员工整体能力提升的情况下，才可以考虑给员工涨工资。如果员工整体能力没有明显提升，仅短期内业绩有所提高，那么最好考虑发奖金。

660. 企业发薪时间的选择

以前有个说法，新人到单位报到，15日之前报到发全月工资，15日之后报到只发半个月工资。于是很多新人踩着15日、30日两天报到。这点小算计能成功，大概算是计划经济时代的福利吧！现在不同了，多数单位是下发薪，本月发上月的工资，按天计算。

企业选择什么时间点发工资合适呢？如果本月发当月的工资，可选择15日—25日的某天；如果本月发上月的工资，可选择5日—15日的某天。这样安排顾及了企业负责人与员工的心理。预发薪不宜太早，否则企业负责人觉得吃亏；后发薪不宜太晚，否则员工觉得吃亏。发薪时间要尽量避开月初与月末那几天，这是为了照顾会计结账。

661. 如何计算加班费

加班费不能只按"基本工资"计算，应以实际发放的工资作为加班费的计算基数。按月支付的工资、奖金、津贴、补贴等都属于实际发放的工资。加班费计算基数应包括"基本工资""岗位津贴"等所有项目，不能以"基本工资""岗位工资"或"职务工资"单独一项作为计算基数。说直白点，加班费要发就要发足了。

662. 员工自愿放弃缴纳社保的承诺无效

有些企业为了省钱，不给员工缴纳社保，但又担心这么做不符合法律法规，所以采取隔离措施：让员工签署承诺书，自愿放弃缴纳社保。这么做有没有问题呢？明确说明，员工签署的此类保证书、承诺书是没有法律效力的。企业为员工缴纳社保是法定义务，必须做到。即便员工同意放弃缴纳社保，也不会得到法律认可。

663. IPO 对社保的要求极为严格

如果企业打算上市，员工社保缴费必须要规范，这也是拟上市公司普遍要改进的问题。社保缴纳不规范在劳动密集型企业尤为常见，如降低社保缴费基数、虚报用工人数。发审委对于企业规范劳动用工的要求非常严格，企业做 IPO 时一般需要进行社保合规改造，这会让企业付出较高的社保成本。

664. 住房公积金：并非只有买房才能支取

住房公积金为应当缴纳项目，法律上应当即为必须。无论是企业为员工缴纳的住房公积金，还是员工自己缴纳的住房公积金，都由员工享用。住房公积金，用了就是你的，不用就是账面财富，将会趴在个人账户中。住房公积金何时使用是有条件的，除了购房，员工装修与租房也可以支取住房公积金。

五、社保改由税务征收的影响

665. 社保合规走过的阶段

企业社保合规已经逐步走过了"不缴社保""迟缴社保"的阶段，进入"缴了，但基数不足"的阶段。目前社保缴费基数不足占比较高，主要表现形式有以下四种：

（1）统一按最低基数缴纳；

（2）按企业内部分档基数缴纳；

（3）按固定工资部分缴纳，不算奖金；

（4）按岗位工资缴纳，不算绩效工资。

666. 社保的三大特征

有人戏称社保是"工资税"，这么说其实不无道理。税具备三大特征：强制性（法律规定）、无偿性（一去不返）、固定性（定率或定额征收），社保同样也具备这三大特征。社保依据工资所得计算缴纳，改由税务征收后，更强化了社保具备的"税"的特征。除社保外，住房公积金、工会经费、残疾人保障金等都具备强制性、无偿性、固定性的特征。

667. 社保由税务征收，而非代征

有些地市规定，工会经费、残疾人保障金等由税务代为征收。自 2019 年 1 月起社保改由税务征收后，操作与此相似，不能算是新举措。但要注意，以往名费实税项目只是由税务代征，是帮忙的性质。社保明确由税务征收，是将其作为税务的一项职责。代征与征收是有着本质区别的，代征无须对缴费实质负责，

征收则要据实收取。

668. 筹划社保的方向

社保和个税都由税务征收，二者具有很强的关联性，合规缴纳社保势在必行。企业如果想降低社保负担，可筹划的方向如下：

（1）降低名义工资，提高员工的资本性收益，如让员工入股分红；

（2）减员增效，提升人均产值；

（3）返聘退休人员。

669. 改员工聘用为对等合作

企业可以考虑裁撤部分岗位，与员工协商解除劳动合同，然后建立新型合作关系。这部分解约的员工与企业对等合作，还做原来的事，但没有雇佣关系了。现行税法对工资与劳务费综合征税，让这种操作有了可行性。如此一来，企业不用给这部分人上社保，他们可以自行参保，个人参保社保费用要低得多。

六、年终奖的奥秘

670. 年终奖金额如何确定

年终奖金额的确定一般有两种方式，固定发放多个月的工资或以企业利润总额的一定比例分解发放。第一种发放年终奖的方式没有体现员工所得与企业业绩挂钩的理念，本质是工资集中发放。第二种发放年终奖的方式，一方面，将员工利益与企业利益捆绑；另一方面，员工拿多拿少与个人绩效相关联，打破了大锅饭。

671. 年终奖的发放策略

年终奖的发放模式各有千秋。大型外企和国企年终奖的发放操作很简单，年前或年后一次性给付，以年前结清的居多。大型民营企业发放年终奖就很有策略了，例如，以前某知名企业的年终奖在次年三季度前后才兑现，另一知名企业的年终奖分几次兑现。年终奖在某种程度上可以抑制员工离职的冲动，没发放时让员工望眼欲穿、欲弃不忍，这时企业的留人策略就算部分成功了。

672. 单位有权不给辞职员工发年终奖吗

员工辞职，单位有权不发年终奖吗？这要分两种情况来看，如果劳资双方签署的劳动合同对年终奖有明确约定，那么用人单位扣发辞职员工的年终奖就涉嫌违约；如果劳资双方未在劳动合同中明确约定年终奖，或者年终奖只是浮动奖金或奖金红包，甚至在员工之间是不公开的，那么辞职的员工向单位索取年终奖依据不足，如果对簿公堂，他们将处于绝对弱势的地位。

673. 年终奖不是企业对员工的法定义务

员工有权要求企业按时足额发放工资，但无权要求企业发放年终奖。年终奖可有可无，可多可少，并非企业对员工的法定义务。从这个角度看，愿意为员工支付年终奖的企业都是充满善意的。财务把年终奖当作成本费用，这是曲解了年终奖，我更愿意相信年终奖是企业在讨好员工，允许员工共同参与利润分配。

674. 年终奖的两个额外用途

很多人可能都没有在意，年终奖还有两个额外用途：

第一，年终奖要纳入员工社保和住房公积金的缴费基数；

第二，员工被单位辞退时，年终奖要纳入计算离职补偿的月工资标准基数。

会计闲谈——"会计"的三个兄弟

"会计"有三个兄弟：第一个是亲兄弟"财务"，"会计"本是老大，可大伙却喊哥俩"财务会计"；第二个是表兄弟"税务"，两人虽有血缘，然而家风不同，脾气、习性差了很远，"会计"为人实诚，"税务"斤斤计较；第三个是结义兄弟"审计"，"审计"眼里不揉沙子，但凡"会计"有错他必会当面指出。

第四篇
职场生存与进阶

　　会计职场，不解其中滋味的人，会觉得单调枯燥，无聊至极。身处其间，常觉得险象环生，充满挑战。试问，有多少人是因为喜欢会计而选择了会计这份职业呢？如果要吐槽会计，有几点经常被提到：第一，无趣；第二，风险；第三，变化；第四，考试。会计职场一看学历，二看证书，三看资历。学历和证书是会计职场的敲门砖。资历是什么呢？通俗来讲，就是任职资格与阅历。学历与证书再好，资历不够，也很难坐上财务总监的位置。资历需要时间去打磨，经验是在一天天简单重复的会计业务处理中积累的。做会计不能急功近利，需要耐得住寂寞。

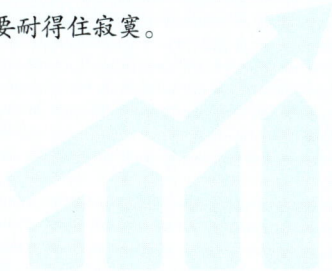

第十七章

会 计 就 业 路 径

会计人常见的两条就业路径：（1）到企业做会计；（2）到会计师事务所做审计。那么，去企业做会计好，还是去会计师事务所做审计好呢？但凡这么想的人，说明尚未有明确的职业偏好。如果有机会进大事务所，我倒是建议先选择做审计，这样可以接触多种类型的企业，拓宽自己的视野，让自己对会计职场有更深入的理解。工作两三年后，再回过头来看，会计人就不难知道自己该如何选择了。

一、会计人员的就业选择

675. 慎重择业

现实中，很多最初选择到会计师事务所做审计的人工作一段时间后会转到企业做会计；而从企业会计岗位转到会计师事务所做审计的人则较少，其中主要有两方面的原因：

第一，事务所的部分经验在企业适用，反过来，企业的经验在事务所用处有限；

第二，企业的晋升机会相对较多。

总之，会计是实践性很强的学科，工作中繁杂的业务处理课堂上是讲不明白的。光鲜亮丽的会计理论知识虽然能拓展思维，但应用到实际工作中，还需要结合具体情况再做分析。当你进入一家企业，别急于表现自己的专业素养，不妨多倾听、多请教。

676. 大企业与小企业会计人员的成长

大企业与小企业的会计人员，谁成长得更快呢？大企业制度健全、流程规范、分工明确，会计人员洞察其间，易有宽阔的视野；但受制于分工，每个会计仅是流水线中的一环，工作较单一。小企业制度、内控、分工不尽完善，往往一人多岗，会计人员工作全面且繁杂，解决实际问题能力较强。从这些方面来看，在大企业能开阔眼界，知道会计应做成什么样；在小企业能历练能力，方方面面的事都要做。

677. 企业更看重会计人员的哪些资历

财务基层岗位招聘，有跨国公司、集团公司、上市公司工作经历的人，用人单位更乐于接纳；财务中高层职位招聘，在同一单位有持续五年以上的任职经历，易让人认可。用人单位看重知名企业，是因为财务工作对内控建设关注较多，名企一般都有闪光点。稳定性也很重要，会计人员换工作要精，在一家单位的任职时间不宜短于两年。

678. 中小企业的会计人员该如何提升自己

会计人员要尽快让自己的职场敲门砖硬起来，从而叩开大企业的门，进去学习规范的财务管理，让自己的视野和格局变大。这是自我否定的过程。在大企业有充分的积累后，再考虑跳槽到中型企业去，帮助这类企业提升管理。这是第二次否定，在哲学上叫否定之否定。

679. 面试时的专业问题

我在面试会计新人时，一般会问三个专业问题，面试者若能全答对，就算专业合格。问题如下：

第一，请把资产负债表、利润表罗列的项目从头到尾讲一遍；

第二，请说明三张会计主表之间有何数据勾稽关系；

第三，请把计提工资、发放工资的会计分录讲一遍。

其中，第一个问题让很多面试者卡壳。资产负债表和利润表中的项目貌似简单、似曾相识，可有些人就是说不全。

680. 如何回答薪资要求

面试时若被问及薪酬要求，面试者不要直接回答，可以先问面试单位的薪酬体系、涨薪机制、福利待遇以及晋升通道。单纯的工资很多时候是有欺骗性的，例如，有些民营企业在社会保险与住房公积金缴纳上不合规，名义工资自然就会有水分。但有一点要切记，不管面试单位如何承诺未来收益，面试者每月到手的工资不能低于预期。

二、会计证书知多少

681. 会计证书的重要性

如果对会计吐槽，有几点一定会被大家提到：工作枯燥，简单重复；制度准则变化大，应接不暇；考试多。尤其是最后一点，让不善于考试的会计人头疼不已。今年没有通过的考试，明年还要重新买教材。不考又不行，因为会计职场需要这些证书定位你的能力和水平。

会计人如果没有证书，职场之路估计会走得很艰难。工作时间越久，年龄越大，琐事就越多，很难再静下心来看书复习。关于考证，我想给会计人两条建议：

第一，动手要早，越早越好，越年轻考试越有优势；

第二，如果觉得复习有压力，不妨报相关的网络辅导班，听课或许会帮助你快速掌握考试重点。

682. 会计人能考哪些证书

会计考证越来越难，无论考中级还是注会，都需要考生付出较大的努力。会计考试教材已由 32 开扩版成 16 开，每本都很厚。不少会计人几乎是投入一半闲暇去准备这些考试，往往耗去数年时间，目的就为拿到证书，以期作为求职的敲门砖或职场的晋身之阶。但拿到证书后才发现，美好的愿望与现实是有差距的，工作能力与经验不会因拿到证书就自动提升，还需日复一日在工作中积累。

会计人能考哪些证书呢？大体来说，分为以下四类。

第一类，专业资格证书。例如，从事审计工作的注册会计师证。

第二类，职称证书。该证书层级按照初级、中级、高级列示，分为初级会计师、会计师、高级会计师、正高级会计师。其中，高级会计师相当于大学副教授，正高级会计师相当于大学教授。

第三类，相邻领域的证书。例如，资产评估师证书。

第四类，国际证书。现在很多会计人热衷于考 CMA、ACCA

等国际证书。

业内对会计人员最认可的还是注册会计师证书。

683. 正高级会计师

会计师、审计师、经济师和统计师是职称评审中的四个小系列。与工程师这样的大系列相比，之前经管类四个职称都没有正高，只可评到副高。现在，已经开放了正高级会计师评审，会计人有望获得更高的职业荣誉。

会计闲谈——轻松理解收入类科目

怎么理解收入类科目呢？不妨看看上班族的钱袋子。朝九晚五，每月挣的那点可怜的工资就是你的"主营业务收入"；偶尔写个文章挣点稿费，可视为"其他业务收入"；不甘心贫穷的命运，花2元买了张彩票，居然中了500万元，视为"营业外收入"；拿工资炒股，赶上一波好行情，及时抛出挣的钱就是"投资收益"。

第十八章

会计发展路径

试问，你是主动选择了会计这份职业吗？经常有读者问我，不喜欢会计怎么办？其实，又有多少人能幸运地从事自己喜欢的工作呢，因为当年填报志愿时的懵懂，因为今天的生活压力，不管我们愿不愿意，我们都需要把会计作为谋生的手段。如果还没有实现个人的财务自由，那就试着爱上会计吧，其实会计本身也很可爱！

一、职业规划

684. 学会计、做会计、懂会计

学会计是迷茫的，做会计是艰辛的，懂会计是曲折的。我曾不止一次向同事、朋友解释"财务与会计的概念孰大孰小""财务与会计的职能孰重孰轻""总会计师与财务总监的位置孰高孰低""高级会计师与注册会计师的水平孰优孰劣"。每一次解释我都有一种释怀，又多一个人理解了会计。

685. 会计人的五个层级

基础会计：主要从事出纳、费用报销、开票等工作。

中级会计：主要从事成本会计、总账会计、税务会计、结账等工作。

管理会计：独立应对预算、财务分析、项目管理等工作。

高级会计：能提出系统性思维，帮助企业解决财务规范化、内控建设等问题。

顶尖会计：策划投融资方案，对接资本市场。

686. 会计人的含金量

以下八个因素决定了会计人的含金量：

（1）学历；

（2）职称证书与任职资格证书；

（3）工作年限；

（4）任职企业的规模与知名度、美誉度；

（5）任职岗位的复杂性；

（6）重要项目经验（IPO、财务共享服务中心、风投、股权激励等）；

（7）工具使用技能（财务软件、PPT、Excel 等）；

（8）软技能（组织能力、文笔、口才）。

687. 会计人的晋升之路

通常，会计人的晋升之路如下：

从菜鸟起步，苦练技能，把自己锤炼成业务骨干；

当上主管，领导一两个下属，指导他们工作，既管事，又管人；

当上财务经理，负责财务部的工作，领导数名主管，逐步过渡为管理者；

当上 CFO，开始对经营负责，由技术干部蜕变为经营干部；当上 CEO，由独当一面转为全面负责。

688. 会计人的岗位通道

会计人的岗位晋升通道如下。

先做出纳：熟悉银行业务与票据。

转费用会计：审核发票，熟悉财务软件。

转成本会计：这是会计核算最复杂的模块，涉及增值税进项认证、库存核算、成本分摊等。会计人如果能把这些业务技能牢牢掌握，账务基本功就算夯实了。

转总账会计：负责结账与出会计报表，同时负责折旧摊销、税费计提、对账、查错等工作，这些工作若能做好，就证明会计人具有全局的眼光了。

689. 会计人的职场敲门砖

有位读者问我："我一直徘徊在小企业做会计，工作很不如意，可是又没有办法叩开大企业的门，如何才能摆脱这种尴尬的职场境地呢？"这一问题应该说很有代表性。如果只是立足当下，我无法给出一个能让她满意的答案。若立足长远，我觉得她是有办法改变自己职场命运的。求职的硬敲门砖一是学历，二是证书。叩不开大企业的门，大多数情况就是这两块敲门砖分量不够。既然知道敲门砖分量不够，那就应该立即规划，把这两块敲门砖的分量补上来。专升本、在职读研、考中级、考注会，都是可行和应行的举措。如果你畏难而裹足不前，你面对的将是持久的工作不如意。人无远虑，必有近忧，做好上述职场规划就是远虑。为了这个远虑，该吃的苦一定要吃。

690. 会计岗位与行业特点的关联度

会计是通用型工作，做会计工作受行业特点的影响明显吗？这个问题要分两个层面看。如果你是一名基层会计人员，只是做基础性的会计工作，如出纳、费用报销，自然不会受太多的行业特点影响。如果你做的是成本核算、税务会计，或财务管理类工作，会计工作就会有明显的行业特色。我建议，当你晋升到高端的财务职位时，最好不要离开熟悉的行业。

二、会计人的职业化

691. 会计职场突围的三个难关

有些会计人一直难以从以下三个难关中突围。

（1）入职小微企业，企业负责人需要会计做的是"税收筹划"，美其名曰，这是"生存"的需要；

（2）企业做起来了，想上市，有些企业负责人需要会计人改账与作假，在他们看来这是"发展"的需要；

（3）企业上市了，为取悦股民，董事会需要会计人挖空心思做盈余管理，这是"维稳"的需要。

如果外界对会计人的印象总是"做假账"与"偷税漏税"，那么会计职业是不会有神圣感的；如果财务数据总是偏离业务实际，那么会计工作难有尊严。对待数据一丝不苟、锱铢必较的会计大家未必喜欢，却都会对其保存一份尊重与敬畏。让每个财务数据都能经受住检验，不仅体现了会计人的敬业，也体现了会计人的职业操守。

692. 怎样才算职业化

会计人敢说自己职业化吗？大概有不少人觉得会计工作大同小异，难以评定谁更职业。

什么叫职业化？做同样的事情达到一样的效果，用时更少、成本更低就是职业化。对照这一标准，看看自己解决问题是否既省时又省钱？一次把事情做对，这是职业化的基本要求。

有些老会计人员总因为自己比年轻人挣得少而心有不甘，试问，工作十年就一定有十年的工作经验吗？不一定。当我们接受一项新的工作时，会有一段磨合期，这段时间很辛苦，辛苦的过程中会有收获。磨合期结束后，工作会进入舒适期，每天的工作都是既往的简单重复，自然谈不上新的经验积累。如果没有进取心，忘记了职场要持续学习，那么工作十年很可能只积累了一年的工作经验。

693. 如何写好工作报告

写好工作报告是会计人综合能力的展现。一份好的工作报告不仅能说明编写者文笔好，也能反映出其思路清晰，对工作理解深刻。怎样才能写好工作报告呢？建议把握以下三点：

（1）字数尽量少，能用 100 个字说清楚的话题，就不要用 101 个字；

（2）层次分明，概述、缘由、分析、结论、诉求要娓娓道来，逻辑清晰；

（3）重点突出，让看报告的人能一眼看出关键点。

694. 锻炼演讲能力

把事情做明白是一回事，把做事的流程写清楚是一回事，而能把做事的方法讲清楚又是一回事。相对"讲"而言，"写"要容易一些，毕竟写完后还可以修改润色。"讲"无疑要难得多，特别是临场发言、即兴发言，因为没有太多时间准备，要把话讲清楚对很多人而言是一种挑战。

言为心声，演讲可以没有文稿，但要有腹稿。腹稿很多时候不是临时准备的，而是靠平时酝酿。口若悬河，出口成章的人平时都是善于思考、善于总结的。我们要把思考和总结的成果存于心中，需要的时候及时调用即可。也就是说，演讲的能力是可以锻炼的。

695. 做小事，锻炼组织能力

眼高手低是很多人的通病。看似很容易的事情，看别人做起来很简单的事情，等到自己去做时才发现并不轻松，似乎处处都有陷阱。

培养自己的组织能力，应该从小事做起。例如，组织一次小型会议，组织一次集体活动，当你做过后就会感受到过程的艰辛。多几次类似的体验，自己的思虑会变得更周全，对别人也会多增加几分理解与宽容，还能戒除自己的浮躁，人也会变得更加大气。

会计闲谈——什么是"财务自由"

什么是财务自由？一万个人可能有一万种解释。从这些解释中可以找出三点共性：第一，经济实力有保证，存量和增量都能让生活过得体面；第二，时间自由，如果时间被工作绑架了，再有钱，也谈不上自由；第三，心灵不受羁绊，人要洒脱一些，礼让三分，利让三分。一个财务自由的人，应兼具绅士与隐士的特质。

第十九章

职场进阶与转型

　　我始终觉得，会计人是职场上非常爱学习、非常有上进心的群体。学历与证书是会计职场的敲门砖，至关重要，但它不能完全左右会计人在职场上的提升与发展。在职场上发展得好的会计人都具备专业以外的软实力，如组织能力、沟通能力、协调能力……这些软实力让他们在职场上光彩照人。

一、财务总监的光环与辛酸

696. "财务总监"的一词三意

　　从字面看，"财务总监"这个词涵盖了三层意思：

　　第一，财务总监的工作范围，"财务"；

　　第二，财务总监的职业地位，"总"；

　　第三，财务总监的工作性质，"监"。

　　在企业，财务总监就是领导企业财务工作、履行财务监督职能的副总。

697. 财务总监在企业中的地位

　　财务在企业的地位如何，与企业发展阶段、企业性质息息相关。例如，跨国企业中 CFO 地位仅次于 CEO，甚至多数 CEO 或为做市场出身，或为做财务出身；中小企业因生存压力大，更关注市场和技术，它们在发展到一定规模后才会重视财务工作。

国外企业的 CFO 与市场负责人常常是 CEO 的接替人选。国内企业的 CFO 能接替 CEO 吗？很少听说。在国内，CFO 主要还是作为技术干部履职。我们对 CFO 的要求低吗？看看《总会计师条例》就会知道国内对财务负责人的能力和素质要求是非常高的。然而，为何高要求下的财务负责人难以成为企业一把手呢？原因在机制，国外企业规范的制度流程降低了对管理者专业的要求。

698. 财务总监的能力构成

财务总监的能力由以下两方面构成：
（1）作为一名技术专家的能力；
（2）作为一名管理者的能力。

先说技术能力，有些技能财务总监应当要掌握，如会计核算、财务分析、预算、税收筹划、内控与制度建设、项目财务管理以及投融资等技能，只有掌握了这些技能，财务总监才会更有自信；再说管理能力，这部分能力要求是相通的。如果你是新晋财务总监，我建议还是要向前辈多请教学习。

699. 财务总监不仅仅是技术干部

财务总监不仅仅是一名技术干部，还是经营班子成员，是管理干部。财务总监除了要有作为财务技术干部的专业水准外，还要具有较好的前瞻意识、大局意识、全局视野和较高的沟通水平。财务工作仅仅是财务总监日常工作中的一环，财务总监应对企业的生产、研发、销售、采购有全面的了解，对风险把控更应有独到的眼光。

700. 老板与财务总监，要求与反要求

很多企业负责人都希望财务总监具有以下能力：

（1）筹划税务少交税；

（2）搞定银行贷到款；

（3）说服风投融到资；

（4）对接券商做上市。

企业负责人期待的这些能力明显带有功利性，如果其聘请财务总监时瞄准的主要是此类条件，那么应聘者要三思了。作为回应，财务总监不妨对企业负责人提三点要求：第一，诚信经营不违法；第二，规范内控不独裁；第三，财务独立不被操纵。

701. 诠释 CEO 与 CFO 的战略合作关系

"CEO 是踩油门的，CFO 是踩刹车的"，这个说法把二者的思维定式形象地表达出来了。CEO 要有进取精神，要时刻想着挣钱；CFO 要有风险意识，要想着怎样用好已有的钱。二者的思维在做不确定性决策时难免会有龃龉，做了，花钱是肯定的，成不成却不知道。冒险精神与风险意识的结合，是对 CEO 与 CFO 战略合作关系的最好诠释。

对 CEO 的意图理解不充分会导致 CFO 的工作陷入被动。CEO 的意图不明确时，CFO 可以多和 CEO 沟通，帮助 CEO 完善决策。当 CEO 已做出决策，意图无法改变时，CFO 能做的就是顺着 CEO 的意图执行。当然，如果 CEO 的决策错了，那么责任只能由其个人承担。

CFO 的工作并不容易，一方面要服务业务，另一方面要监督业务。服务与监督本是对立的，现在却要集于一身，这对 CFO 的工作方法提出了挑战。"顶得住的站不住，站得住的顶不住"体现的是智商与情商的碰撞。如果"顶"和"站"不能两全，CFO 无论选择哪样，都是职场的失败。提升专业水平是一方面，提升处世技巧是另一方面，CFO 应力争做到，既要顶得住，又要站得住。

702. 财务总监的四层角色定位

作为管理者的财务总监，在企业里应该有四层角色定位：

第一层，企业财务工作的组织者；

第二层，企业财务规范的监督者；

第三层，企业经营决策的辅助者；

第四层，企业战略规划的参与者。

在实际工作中，财务总监通常是企业创立者或 CEO 最信任的人，他们会把一些编外工作也交由财务总监负责，如果考虑这种情形，那么财务总监的职责边界实际放大了很多。

703. 中小企业何时会聘用财务总监

中小企业通常会在出现以下情形时聘用财务总监：

（1）收入利润规模大了，企业负责人不想多交税，但又担心风险，需要专家给出建议；

（2）股东之间不信任，需要中间人起到公证作用；

（3）准备找风投，需要认真做一份会计报表；

（4）准备挂牌新三板或谋划上市，财务需要规范化操作；

（5）管理出现漏洞，需要加强内控；

（6）企业经营或资金状况出现危机，希望财务总监能补救。

704. 大股东派总经理，小股东派财务总监

如果两个股东投资成立一家企业，按照惯例，出资多的股东派人担任总经理，出资少的股东派人担任财务总监。这种安排算是一种比较有效的权力制衡模式。若两个股东出资比例悬殊，小股东往往谈判筹码不够，无权派财务总监，这时企业管理只能仰仗大股东公道正派。如果不是绝对信任，这种毫无管控手段的投资，小股东要尽量避免。

705. 警惕 CFO 中的精致利己主义者

帮 CEO 出阴招完成考核的 CFO 是会计行业的精致利己主义者。他们利用专业知识准确判定 KPI 的偏颇，然后提出用短期行为包装 KPI。这类 CFO 往往被评价为具有"高智商"与"高情商"，因为他们善于在违法与违规之间游走，善于迎合 CEO 的心思，善于为自己谋求最大的利益。可惜他们"高超"的手段背离了为企业创造价值的初衷，这些"双高"者无异于企业的毒瘤。

706. 财务总监的可替代性

在许多企业的高管中，财务总监往往都比较年轻，30 岁出头担当此任者大有人在，而难以熬出头的大概是管生产的副总和管技术的总工。这给人一种错觉：做财务工作容易升职。这种错觉让会计学渐渐成了显学，会计职业成为一些人追逐名利的捷径。

事实上，财务总监岗位有很强的可替代性，远不如管生产的副总与管技术的总工地位敦实。

二、财务经理人如何履职

707. 好的选择是成功的一半

财务总监找工作要格外当心，好的选择是成功的一半。首先，要搞清楚招聘单位为什么要招财务总监，希望财务总监达成什么目标；其次，要侧面了解前任财务总监为何离职，以免自己掉入同样的陷阱。财务总监求职时，初创企业要谨慎选择，亏损企业宜果断放弃，人事变更频繁之地远离为妙。这样筛选下来，可选择的空间实际很小。

708. 空降财务总监的生存法则

空降的财务总监要想在企业站稳脚跟，建议分三步走：

第一步，三缄其口，多观察、多倾听，切勿随便发表意见；

第二步，抓基础、抓细节、找共识，做一些实际的、大家都认可的改进；

第三步，找出企业财务薄弱点，争取总经理的认同，重点突破。

以上三步，第一步是为了了解企业情况，第二步是为了获得企业认可，第三步是为了证明自身价值。

709. 区分财务负责人与财务机构负责人

财务负责人与财务机构负责人，经常看上市公司财报的人对这两个职位不会陌生。两者的区别是，财务负责人是企业高管，财务机构负责人是企业财务部门的负责人。财务负责人管着财务机构负责人。财务负责人的职责界定是清晰的，但叫法各异，常见的有总会计师、财务总监、CFO、分管财务的副总经理。

710. 民营企业中模棱两可的头衔——财务总经理

在中小规模的民营企业里常出现一个头衔——财务总经理，这是个模棱两可的称谓。如果在此头衔中加一个"部"字，就成了"财务部总经理"。这样一变很容易判断出这一职位是给财务机构负责人准备的。但简化为财务总经理后，如果不作深入了解，实在分不清此职位究竟是财务负责人还是财务机构负责人。

711. 企业同时设置财务副总与财务总监是否重复

不少民营企业同时设置了分管财务工作的副总经理与财务总监职位。在这样的安排下，分管财务的副总经理才是企业的财务负责人，这个财务负责人不一定非由财务出身的干部担任，分管财务的副总也不一定只分管财务工作。稍显重复设置的财务总监的地位如同销售总监、市场总监、人力资源总监，只能算是企业的中层干部。

712. 财务管理的精髓在道不在术

一些大企业的财务总监不是学财会出身的，但他们却比很多财会专业出身的财务总监干得出色。这一反常现象告诉我们，财务并不高深，没有财会专业底子的人同样能做好财务管理工作。这一方面说明了管理职位做到一定的高度，专业技能会越来越淡化；另一方面也说明了不受财务框框约束的人反而可能有更好的财务管理感觉。以此足见财务管理的精髓在道不在术。

713. 财务管理的最高境界

财务管理的最高境界是把对立的矛盾统一起来。例如，高工资与高利润就是一对矛盾体。工资高，意味着成本费用高，成本费用高，企业利润就会少，这是高工资与高利润对立的一面。高工资可以激励员工更好地工作，可以吸引优秀的人才加入，从而创造更多的价值，这是高工资与高利润统一的一面。高效的财务管理，就是要不断放大矛盾体统一的一面，同时缩小矛盾体对立的一面。

714. 子公司的财务总监为什么不好干

子公司财务总监的工作难度甚至比总部财务总监的工作难度还要大，因为子公司的财务总监兼具双重身份。

第一重身份，他由总部外派到子公司，代表总部履行监督职能。

第二重身份，他需要履行服务职能，即站在子公司的立场帮子公司总经理完成经营目标。

当监督职能与服务职能发生冲突时，子公司财务总监的工作就会陷入被动。

715. 面对两难，"拖"也是一种智慧

如果总部财务总监与子公司总经理的意见不一致，外派子公司的财务总监到底该听谁的呢？这是一个让子公司财务总监头疼的问题，因为无论怎么选择都不会是最优选择。假如真遇到了这样的难题，我建议子公司财务总监先等一等，缓一缓，不要急于做决定。一方面，先让子弹飞一会儿，让各方有更多的时间思考；另一方面，在缓的过程中，事情可能会起变化。有时急事缓办也

是一种人生智慧。

716. 财务经理履新三把火

都说新官上任三把火，那么财务经理履新应该烧哪三把火呢？建议如下：

第一把火，先解决最容易解决的问题，以增长信心；

第二把火，解决业务最迫切需要解决的问题，这些问题往往直击管理痛点，财务经理可以借此树立自己服务业务、服务企业的良好形象；

第三把火，解决企业负责人最关注的问题，这类问题解决起来往往比较困难，财务经理一定要在自己了解情况并站稳脚跟后再着手。

717. 如何配备财务部的副职

财务部的副职如何配备呢？除了财务部长，大型企业的财务部往往还会任命两个副部长，一个主管会计核算，另一个主管财务管理。如果企业管理体系繁杂，还会另外任命一个副部长主管诸如子（分）公司财务、产品线财务、地区部财务。无论如何设置副职，各副职都要有明确的职责分工，切忌职衔荣誉化。

三、财务经理人如何管理下属

718. 财务经理人如何考核下属

作为一名管理者，财务经理人不能只对自己的工作负责，还需要对团队成员的工作负责。一方面，财务经理人需要布置安排团队成员的工作；另一方面，需要对团队成员的工作进行指导，在工作结束后，还要对他们的工作成果进行评价、考核。这一过程贯穿下来，财务经理人才能把管理职能履行好。

719. 财务人员的KPI

财务经理人如何对财务人员的绩效进行考核呢？应该先设置好KPI，明确考核内容。KPI从哪些方面选取呢？不妨重点关注以下五个方面。

（1）财务人员的岗位职责是什么？财务人员应先把基础工作做好，证明自己是个合格的财务工作者。岗位职责可以作为一个KPI。

（2）企业对每个财务岗位的工作要求是什么？把关键内容选取出来，当作重点KPI进行考核。

（3）财务人员所在岗位最重要的工作是什么？这需要提炼出来，设置为KPI，并给予较高的考核权重。

（4）针对每个财务岗位，业务最看重的服务是什么？这也是财务岗位的核心价值所在，可以将之提炼出来设置为KPI。

（5）财务经理人自己承接的KPI分解。财务经理人不能把所有责任都压在自己一个人身上，应该把KPI分解下去，把任务传递给每个团队成员。

720. 财务人员KPI的考核权重

考核财务人员，每项考核内容的权重是多少？这是财务经理人须关注的核心问题。

财务人员的工作大体可分为两类，一类是常规性工作，即经常重复做的工作，常规性工作是财务工作的主体内容。与之相对应的是创新性工作、例外性工作，这些工作不是时时刻刻都有，即便有，内容也不一样。

对于常规性工作和创新性、例外性工作，它们的考核权重如何划分呢？一般情况下，常规性工作的考核权重应占60%~70%，创新性与例外性工作的考核权重加起来占30%~40%。

常规性工作做得好不好，体现的是财务人员有没有基本的岗位胜任能力。创新性工作与例外性工作做得好不好，体现的是财务人员有没有可塑性，是否值得培养。

会计闲谈——"会计人"是个有趣的称呼

在大学里，会计、审计、财务管理等专业都设在会计系。当年我们自我介绍时都说自己是会计系的。到了企业，都去了财务部，没听说有会计部。现在介绍自己时都说是财务部的。做学生时，会计的概念大，包罗财审税；参加工作后，发现会计变小了，好像就是特指账务核算。但我们还是喜欢称呼自己"会计人"，有趣吧！

趣话会计

　　会计只局限于眼前那点烦人的工作吗？如果跳出会计看会计，我们会发现它还有厚重与开阔的视野。读读会计史，看看曾在会计圈里走过的会计人，会猛地发现会计文化酣畅淋漓。有人说生活无处不会计，仔细想想也对，只要有算计，只要有交易，只要有来往，就能找到会计的影子。生活中有会计，文学中也有会计，把它们摘出来看看，一定会让你捧腹的！

一、生活中的趣味会计

1. 从会计的角度说说农民种地难

　　以种水稻为例，主营业务收入是稻子的卖价，主营业务成本包括稻种费、耕地费、化肥费、农药费、收割费、脱粒费和灌溉费，营业外支出包括旱涝损失、虫害损失。此外，还有会计账面不计算的机会成本，如农民不种地了，外出打工所能获得的收入。更要命的是多收了三五斗，粮价又可能下跌了。

2. 大学生付学费怎么记账

　　问问会计专业的大学生付学费怎么记账，就能推测出大学四年他都干了什么？借方记"无形资产"的学生，目光长远，四年里学得扎实，毕业就是瞄准财务总监而来的。借方记"管理费用"的学生，中规中矩，一切只为顺利毕业，找个工作。最怕的是借方记"营业外支出"的学生，估计四年里一直都逃课，挂科不少。

3. 分手了，给女友买首饰的钱怎么记账

和女友分手了，给女友买首饰的钱怎么记账？记"其他应收款"，说明这男人是小气鬼，准备找前女友追偿了；记"营业外支出"，这男人很豁达，也说明他对前女友已彻底死心；记"管理费用"，说明男人对逝去的爱情深深自责，痛惜自己没能维护好这段感情；记"无形资产"，这是一种洒脱，旧的不去，新的不来，关键是要从中吸取教训。

4. 父母为孩子花钱怎么做分录

大学毕业前，父母花钱如同投资，"借：长期股权投资"。给孩子买房交首付，心软的父母，"借：营业外支出——捐赠"；心硬的父母，"借：其他应收款"。给孩子办婚礼，"借：销售费用"。孩子没出息啃老，"借：管理费用"。孩子终于懂事了，过年给父母买了礼品，"借：存货，贷：投资收益"。

5. 工薪族挣钱对应的会计科目

工薪族挣钱对应的会计科目可透视出其运程。每月只有主营业务收入的，多是打拼一族。有其他业务收入的，要么干兼职，要么有门路。如果其他业务收入高过了主营业务收入，别打工了，创业吧！要是营业外收入不菲，先检查有没有触碰法律红线；若没有，只能说明运气来了挡不住。投资收益高的朋友，不是股神就是胆大。

6. 会计女生诚征男友

会计女生诚征男友："你的家底应以固定资产为主，你的学

识与人品足以评估为无形资产，银行存款在七位数，你的经济来源用预收账款结算，你懂得理财，会巧妙搭配短期投资与长期投资。一旦结合，你会考虑我的溢价，资产重组后共同控股。你继续做董事长，我屈就财务总监，但我会加强内控，你就甭想设小金库了。"

7. 婚姻好比长期投资

如果把婚姻比作长期投资，对心爱的姑娘暗生情愫就是投资意向了。背后的打听、了解好比尽调，一次次套近乎、讨好有如投资前的谈判，领到结婚证才算入股成功。整个过程中必要的支出少不了。在姑娘答应和你结婚之前，风险不可控，买花、看电影、吃饭的花销应费用化处理；之后，花的每分钱都可计入长期投资了。

8. 买化妆品与衣服的支出应该资本化

为什么女人喜欢买化妆品与漂亮的衣服，大概是因为她们天生就具有会计人的思维。如果你把她们买化妆品与衣服的支出计入费用，这是对爱美之心的亵渎，也不符合此类支出的真实目的。我觉得应计入无形资产，有点类似商誉的提升。刷卡时痛不痛心，就看如何理解了。这么解读，男人们是否对自己的另一半在爱美上的投入释然了呢？

9. 从朋友聚餐买单记账识其秉性修养

朋友聚餐，看他买单后如何记账可知其秉性修养。记作"管理费用"的，多为实在人，崇尚礼尚往来，这顿我请，下顿得你请；记作"销售费用"的，多是平时不怎么联系，联系必求人的；记作"无形资产"的，格局大，将来多能成为一号人物；记作"营业外支出"的，这人也太傲了，压根就没当别人是朋友啊！

10. 主营业务收入与其他业务收入

带孩子去水上世界，不让带包，只能寄存了，柜子收费好几十元。这让我突然联想起了主营业务收入与其他业务收入。对水上世界而言，门票属前者，租柜属后者；前者为主业，后者为辅业。果真分得这么清吗？电影院门票收入看似为主业，若论创利，卖爆米花和饮料不比卖门票差。把主业当成噱头，辅业反成主角，这是经营思维的大逆转。

二、文学中的趣味会计

1. 会计的百年孤独

多年以后，当老会计在单位办退休手续时，一定会想起几十年前自己填报高考志愿时那个昏暗的下午。当初是鬼使神差还是冥冥中自有注定，难道自己在接下来的日子里要与会计结下不解之缘？这份缘让自己与凭证、发票、报表不离不弃，大半辈子都在为别人的钱斤斤计较。现在要离开了，不甘、不忍、不舍，百感交集！

2. 会计的乡愁四韵

填高考志愿时，会计是羞怯的背影，父母的心在上头，自己的理想跌到了下头。

上大学时，会计是不易亲近的姑娘，我疯在校园外头，她藏在教材里头。

毕业后，会计是无奈凑合的情侣，我奔波在凭证这头，她袖手在税务那头。

而现在呢，会计是贴心的伴侣，我信心满满地站在舞台上头，她的倩影却时刻浮现在我的心头。

3. 会计人的一生应该怎样度过

会计人的一生应该怎样度过？当你回首往事时，不会因为未过注会、高会而懊恼，也不会因为做过假账、逃过税费、骗过审计而悔恨。这样在退休的时候，你就可以坦然地对单位年轻的会计说："老朽已经把自己毕生的心血都献给了单位最辛苦、最壮烈的事业，为会计账目编得巧、不被查、查不倒而奋斗。"

4. 梁山的商业模式不理想

梁山被招安，是因为商业模式不理想造成的。从收入看，主营收入是抢劫收入，抢官府的、抢富豪的；其他收入是餐饮收入，来自朱贵开的酒店；营业外收入是入伙头领柴进、卢俊义带来的家产。梁山的主业不可持续，宋江门儿清，于是设法搞了几笔营业外收入。营业外收入毕竟不可多得，宋江没信心了，终于决定把公司并入大宋集团。

5. 西天的"人事"怎么做账

唐僧师徒到达西天，如来答应给他们大乘真经。师徒接收经卷时，管事人明着要回扣，名目叫"人事"。师徒找如来告状，没承想这事得到了如来许可。西天集团的"人事"该如何做会计处理呢？回扣交公了，相当于接受捐赠，计入营业外收入；要是未交公，实质是间接发的奖励，应计入应付职工薪酬。

6.《红楼梦》中的财务总监

《红楼梦》中贾府的财务总监无疑是王熙凤。总体而言，王熙凤做财务总监的业务能力不错，她费尽心力拆东墙补西墙，保住了贾府的资金链没断裂。但她私心太重，一方面克扣员工工资，贪污下人的月例银；另一方面挪用公款，放高利贷。这两项劣迹最后都成了罪证，前者让王熙凤被免职，后者让贾府吃了官司。

7. 梁山的总会计师是谁

梁山的总会计师是谁？看过"108将"排行榜后就会知道答案。梁山总管钱粮的头领有两名：小旋风柴进与扑天雕李应，意即两人分任总会计师与副总会计师。柴进位列天罡第十，李应位列十一，都是很显赫的座次。柴进是宋江的心腹，占了总会计师的位置，但他是富家子弟出身，难以胜任，所以宋江安排了大地主李应做副总会计师负责具体工作。

8. 诗词里的会计

自以为读过、背过的诗词不少，真没有发现直接与会计工作相关的篇章。不过有些诗句读来总觉得如同在说会计，如唐朝秦韬玉的《贫女》，"苦恨年年压金线，为他人作嫁衣裳"，简直说的就是会计人工作的本质。再如明朝于谦的《入京诗》，"清风两袖朝天去，免得闾阎话短长"，仿佛是说会计人应具备的操守。

9. 早知潮有信，嫁与弄潮儿

机会成本该如何理解呢？先读一首唐朝诗人李益的诗："嫁得瞿塘贾，朝朝误妾期。早知潮有信，嫁与弄潮儿。"诗中的怨妇在当年嫁人时有两种选择，一是嫁给有钱的生意人，二是嫁给隔壁打渔的穷小伙。嫁给商人，生活固然富足，却要长时间忍受别离的寂寞，这份寂寞无疑是获得富足生活的代价。嫁给穷小伙能定期相守的甜蜜就是嫁给商人的机会成本。